성결교회
사회복지

성결교회
사회복지

구금섭 지음

KSI 한국학술정보㈜

목차

머리말

    최근 우리 주위에는 새로운 시대적 흐름을 표현하는 용어들이 속속 등장하고 있다. 세계화, 개방화, 서구화, 탈 산업화, 고령화, 정보화, 민영화, 지방화, 핵가족화 등이 이들 가운데 하나이다. 이러한 용어들은 새로운 시대의 변화와 흐름을 반영하기도 하지만 동시에 구시대에 대한 부정과 반발을 의미하기도 한다. 오늘날 한국의 사회문제는 한편으론 지정학적으로 오랫동안 전래되어 온 문제도 있지만, 다른 한편으론 새로운 시대의 흐름과 기존의 전통간의 마찰에서 파생되어지기도 한다.

    성경에서 살펴보면 현대사회가 안고 있는 사회문제들은 모두가 성경적 정의(biblical justice)에서 벗어난 인간 행위의 결과이다. 즉 죄악의 결과이다. 죄란 하나님의 뜻에 대한 무관심이나 거역, 믿음과 사랑에 대한 거부를 말한다. 이는 하나님으로부터 고립되려는 외면적 내면적 의지이며 하나님의 자리에 이 세상에 속한 것이나 자기 자신을 세워 놓는 것을 가리킨다. 이러한 불신앙은 이기심과 육욕으로 나타난다. 결국 죄란 하나님의 선과 정의로부터 이탈되어 인간의 이기심과 탐욕이 드러난 상태를 말한다. 하나님의 선과 정의에서 이탈된 상태에서 본래의 선하고 정의로운 상태로 돌아가도록 인도하는 것은 교회의 우선적인 사명이다.

사회복지 분야에서 기독교기관은 오랫동안 지역사회를 위한 복지 서비스의 제공 주체로서의 역할을 수행하여 왔다. 사회복지 역사가 오래된 서구 사회를 중심으로 살펴보면 초기에는 기독교기관들이 복지 제공의 주된 주체로서 역할을 수행하여 왔으나 내부적인 문제로 인해 종교개혁이 발생하고, 그 후부터 기독교기관은 사회복지 제공의 주된 주체로서의 역할을 점차 상실하게 되었다. 이와 같이 복지제공의 주된 주체로서의 기독교기관의 역할상실(role loss)은 기존의 복지체계에 일종의 공백상태를 초래하게 되었고, 그 공백을 국가가 공공부조제도를 통해서 메우게 된다. 이 이후로 국가는 오늘날에 이르기까지 사회복지 제공의 주된 주체로서의 역할을 안정적이고 체계적으로 수행하게 되었으며, 결과적으로 기독교기관은 국가의 주된 역할을 보완해 주는 소극적 주체로서의 역할담당자로 남게 되었다. 사회복지가 성역에서 속역으로 넘어가고 있는 것이다. 달리 말하면 사회복지가 점차 세속화(secularization of social welfare)되어 가는 것이다.

그러나 최근 복지국가 위기론이 대두되면서 사회복지 제공 주체로서의 기독교기관의 역할이 다시금 강조되고 있다. 복지국가를 지탱하기 위해선 막대한 재정이 필요한데 국민들의 세금에 기초해

복지재정을 운영하는 데는 한계가 있다. 또한 복지국가를 운영하기 위한 과도한 조세부담은 국민들로 하여금 복지국가가 과연 좋은 것인가 하는 의구심을 갖게 만들어 복지국가 자체에 대한 정통성의 위기를 초래하고 있다. 이러한 복지국가 위기론이 대두되자 이를 대처할 하나의 해결방안으로 복지제공주체를 다원화해보자는 복지다원주의(welfare pluralism)가 설득력 있게 제기되고 있다. 다양한 복지제공주체들 가운데서도 민간의 역할을 강화해 보려는 움직임이 복지민영화(privatization of social welfare) 주장과 함께 활발히 대두되고 있는 가운데 특히 종교기관의 역할이 새로이 강조되고 있다. 이와 같이 복지국가론이 대두되면서 복지제공주체로서 종교기관의 역할에 대한 국가와 사회의 기대는 높아가고 있다. 이러한 높은 기대는 다른 한편으로는 사회복지를 탈세속화(de-secularization of social welfare), 성역화(sacralization of social welfare)할 수 있는 좋은 기회가 되기도 한다. 이러한 성역화작업은 기독교기관들이 당위론에 입각하여 실천하여야 한다.

2008년 12월
하루의 첫 태양이 머무는 언덕 위에
새들과 다람쥐와 함께 둥지를 튼 큰나무노인주간보호센터에서

越死 구금섭

제1장 서 론

제1절 연구의 필요성과 목적

1. 연구의 필요성

　사회복지의 본질적인 속성에는 인간 사회 내에 기본적으로 존재하는 상부상조의 정신이 기저를 이루고 있다. 어느 인간 사회에서나 소외된 개인이나 집단을 도우려는 상부상조의 정신은 모든 사회복지활동의 보편적인 동기라고 할 수 있다. 그러나 이러한 동기에 활력을 불어넣은 것은 종교적 계명들이었다고 해도 과언이 아니다. 모든 종교는 곤경에 처한 이웃들에게 자선을 베풀도록 가르치고, 사회봉사를 사명으로 하고 있기 때문이다. 기독교적 관점에서 교회사회복지는 성서의 가르침이며 신앙의 핵심이 되는 사랑을 실천하는 동기적 요인이 되는 활동이라고 할 수 있다.

　사회복지에서 종교적인 동기는 개인적 자선행위로 나타나기도 하지만 조직화되어 기관이나 시설의 형태로 나타나기도 하고, 제도화되어 사회제도로 발전하기도 하였다. 그러나 근대사회에 와서 사회문제가 복잡해지고 국가권력이 강화되면서 사회복지에 있어 국가의 역할이 강화되고 종교의 역할은 상대적으로 축소되기도 하였다. 그렇지만 종교의 사회복지 실천은 인간이 종교를 신봉하는 한 지속되고 확대시켜 나가야 할 사회적 과제라고 할 수 있다.

　한국 사회는 급속한 산업화와 도시화 과정에서 지역 간, 계층간의 소득격차와 상대적 빈곤을 가져왔다. 또한 선성장(先成長) 후 분배(後分配)의 경제성장 우선정책은 한때 국민총생산(GNP) 1만 달러를 달성하여 선진국의 문턱에 와 있다고 자부했지만 1997년 12월 외환위기를 불러왔고, 이와 함께 몰아닥친 경제적 혼란과 대량실직은 새로운 차원의 사회문제들을 양산하였다. 이러한 사회적 상황은 정부의 사회복지에 대한 부담을 가중시켰으며 많은 국민들에게 상대적 박탈감을 심화시켰다. 그럼에도 불구하고 정부는 가능한 책임을 최소화하고 그 대신 가족과 기업, 지역사회, 종교 등 민간부문의 역할을 강화하는 방향으로 사회복지 정책을 마련하여 고수해왔다. 이러한 정부의 사회복지제도는 증폭하는 국민의 복지욕구를 충족시키기에는 역부족이었고, 지역사회를 중심으로 활발하게 전개되었던 민간부문의 복지체계도 산업화과정에서 대부분 붕괴되었다. 특히 외국 선교단체들의 도움으로 활발하게 전개되었던 기독교계의 사회복지활동도 1970년대 이후에는 외원기관의 철수와 함께 한동안 부진한 면모를 보였다.[1]

우리나라의 사회복지는 재정 부족, 전문인력 부족 등으로 국민의 삶의 질을 향상시키기에는 한계가 있고, 기본적인 생활 욕구충족이나 문제해결에만 주력하고 있는 실정이라 할 수 있다.[2] 이러한 취약점을 보완하기 위해서는 종교단체, 시민단체, 기업체 등 비영리 민간단체들의 자발적인 복지참여가 요구된다.

---

1) 한국의 민간사회사업 기관들은 자생력이 약해서 정부에 의존적일 수밖에 없었고, 이전에 외원기관이 담당해 왔던 사회사업에 대해서 소극적인 태도를 취하면서 우리나라의 사회복지활동은 잔여적 성격을 갖게 되었다. 최원규, "외국 민간 원조단체의 활동과 한국 사회사업에 미친 영향", (서울대학교 대학원 박사학위논문, 1996), p.39.

2) 송은영, "목회자의 사회복지활동에 대한 지원성향 분석", (건국대학교 행정대학원 석사학위논문, 2002), p.1.

서구에서 복지예산의 감축을 초래한 복지국가의 위기가 도래하자 민간의 중요성이 확대되고 많은 역할이 공공에서 민간으로 이전되었다. 경제적인 위기로 인하여 복지재정이 삭감되어 공공부문에서 복지욕구를 모두 충족시킬 수 없게 됨에 따라 복지의 공급주체를 다양화하는 복지다원주의(welfare pluralism)를 강조하게 된 것이다. 이에 따라 복지의 공급 주체로서 공공기관뿐만 아니라 민간의 적극적 참여가 요구되었다.[3]

우리나라는 외환위기 이후 복지욕구는 증대하였으나 사회복지를 전달할 수 있는 인적, 물적 자원의 부족으로 많은 어려움을 안고 있어 민간의 복지참여에 대한 중요성과 필요성이 더욱 증대하고 있다. 서구를 비롯하여 우리 사회에서 민간 비영리기관의 역할을 수행하는 대표적인 부문은 종교기관이다. 비영리기관인 교회는 지역에 대한 정보를 많이 갖고 있어서 도움이 필요한 사람들을 정확하게 파악할 능력을 가지고 있다. 뿐만 아니라 교회는 민간조직의 하나로서 잠재된 인적, 재정적, 물적 자원을 활용하여 지역사회복지를 위해 효율적이고 효과적으로 필요한 대상자에게 공급할 수 있는 기관이 될 수 있다.[4] 복지다원적 공급 주체 중 하나인 종교기관의 역할에 대한 국가와 사회의 기대가 높아가고 있는 요즈음 지역사회를 위한 복지사업에 교회가 적극적으로 참여해야 할 것이다. 따라서 교회의 사회복지참여를 활성화시키는 것은 사회복지의

---

3) J. Hefferman, G. Schutteworth, and R. Ambrosino, *Social Work and Social Welfare An Introduction*, 2nd ed., (St. Paul: West Publishing Co., 1992), p.18.

4) Marc Jr, Bendick, "Privatizing the Delivery of Social Welfare Service: An Idea to Be Taken Seriously", in Shela B, Kamerman, and J. Kahn Alfred (eds), *Privatization and the Welfare State*. (New Jersey: Princeton University Press, 1989), pp.97 – 120.

측면에서 첫째, 교회자원을 사회복지 자원화한다는 의미에서 중요하고 둘째, 사회복지 전문영역이 확대된다는 의미에서 중요하며 셋째, 교회의 사회적 통합이라는 문제에 크게 기여할 것이며 넷째, 지역사회 주민들의 삶의 질을 개선한다는 의미에서 중요하며, 이에 관한 연구의 필요성이 제기되었다.

한국 종교계는 인적, 재정적, 물적 자원을 보유한 조직으로서 지역사회복지에 크게 기여하여 왔다. 즉 취약 계층들을 대상으로 한 생활시설과 지역주민을 위한 이용시설의 운영을 통해 사회복지에 참여하여 왔다.

한국보건사회연구원이 우리나라 전체의 사회복지 시설 수를 조사한 결과에 의하면 2003년 말 현재 4,048개이다. 그중 종교계가 운영하는 사회복지시설 수는 2,162개로 우리나라 전체 시설의 53.4%를 차지하고 있다.[5] 이들을 대상으로 분석한 결과 부적합시설 271개소를 제외한 1,891개소에 대한 종교별 분포는 기독교가 893개(47.2%), 천주교 450개(23.8%), 불교 402개(21.2%), 원불교 75개(3.9%), 기타 71개(3.8%)로 나타났다. 종교계의 사회복지참여 중에서 기독교의 사회복지참여는 우리나라 사회복지 발전에 상당히 큰 역할을 담당하고 있다고 할 수 있다.

한국교회는 선교 초기부터 경제적 발전을 이룬 1970년대까지 사회복지 분야에서 주도적인 역할을 담당하여 왔다. 즉 구한말부터 일제강점기에는 사회문제인 빈민, 고아, 장애인, 결핵환자 등에 대한 사후적인 복지대책을 중심으로 사회복지참여를 전개하였다. 해

---

5) 고경환, "한국 종교계의 사회복지시설 지원금 실태분석 2001~2003", 『보건복지포럼』, 5월호, (한국보건사회연구원, 2006), pp.66 – 67.

방과 6·25 이후에는 시설구호사업을 정착시키는 데 결정적인 역할을 하였으며, 1960년대에는 전문사회사업방법을 도입하여 실천하였다. 1970년대 이후 우리나라 경제가 급성장하게 되자 외원단체들은 우리나라로부터 철수하게 되어 민간단체들이 이를 대신하게 되었다.[6]

1980년대 민주화운동이라는 시대적 상황 속에서 '작은 교회운동'이 나타나기 시작하였다. 이들 교회들의 사회복지참여는 탁아소, 공부방, 야학, 어머니교실, 주민도서실, 노동상담소, 소비자 협동조합, 문화교실 등 지역의 문제를 주민들과 함께 해결하는 데 주력하였다.[7] 이후 1990년대에는 작은 교회를 중심으로 펼쳐지던 지역사회복지 프로그램이 중·대형교회로 확산되었고, 외환위기 시기에 양산된 실직자와 노숙자 그리고 외국인 노동자들을 위한 사회복지참여에도 앞장섰다.[8]

이와 같이 한국교회는 근대적 사회복지 이론과 방법을 이 땅에 뿌리내리게 하는 데 지대한 공헌과 기여를 하였다고 할 수 있다.[9] 그럼에도 불구하고 한국교회의 사회복지 역할 수행의 미진한 문제와 관련하여 제기되고 있는 비판의 내용들을 살펴보면 다음과 같다. 첫째, 개별 교회의 교세 확장, 시설 확충, 물량적 교회성장을 우선시함으로써 이웃들을 위한 사회복지활동은 등한시하고 있다. 둘째, 개별 교회 안의 자체 신자들을 위한 사회복지활동은 행할지

---

6) 최원규, 전게논문, p.39.
7) 전광현 외, 『기독교사회복지의 이해』, (파주: 양서원, 2005), p.389.
8) 김동배, "교회 사회봉사 사업의 실태", 대한예수교장로회 총회사회부 편, 『교회사회봉사총람』, (서울: 한국장로교출판사, 1994), pp.350-351.
9) 오치준, 『한국 개신교 사회학』, (서울: 한울 아카데미, 1998), pp.41-45.

라도 교회 밖의 이웃들을 향한 대외적 사회복지활동은 형식적이거나 미약하다. 셋째, 사회복지활동을 하더라도 종교행사의 일환으로 할 뿐, 고통스럽고 어려운 실생활 문제는 도외시하고 있다. 넷째, 사회복지활동이 너무 개별 교회 단위로 이루어져 교회 간 사회복지활동의 불균형과 불평등성이 나타나고 있다. 다섯째, 교회 자체가 소외계층과 거리를 두기도 한다. 즉 교회가 중산층화하고 귀족화하면서 사회복지활동을 기피해서 노동자, 농민, 도시 빈민들로부터 배척을 받기도 한다. 여섯째, 한국교회의 사회봉사 예산은 교회 총 예산의 평균 6 - 7%밖에 되지 않을 정도로 낮은 수준에 머물러 있다. 일곱째, 주민을 대상으로 복음 전도 활동은 열심이지만, 교회 재정과 시설, 교회 안에 있는 전문 인력을 사회복지활동에 연결시키지 못하고 있다는 것이다.[10] 즉 종교적 기능(religious entity)에는 충실하여 양적 성장을 이루어 왔으나, 이에 비하여 사회적 기능(social entity)인 섬김과 봉사(diakonia)에 있어서는 소홀히 하고 있다고 비판을 받고 있다.[11] 교회의 사회적 영향력 상실은 교회가 가지고 있는 사회적 기능[12]을 다하지 못했다는 사실에 기인한다. 교회의 사회적 기능을 등한히 한 결과는 사회적 공신력의 상실로 연결된 것이기 때문에 교회와 사회 모두 크나큰 손실이 아닐 수 없다. 더 나아가 교회의 영향력 상실은 교회가 가지고 있는 숭고한 정신과 인적, 물적, 재정자원들이 사회를 위해 기여할 수 없다

---

10) 조흥식, "지역사회복지와 교회건물 개방", 기독교윤리실천운동 사회복지위원회 엮음, 『교회의 사회복지 참여하고 실천하기』, (서울: 대한기독교서회, 2004), p.92.

11) 김기원, 『기독교사회복지론』, (서울: 대학출판사, 2004), pp.147 - 162.

12) 교회는 사회적 기관으로서 사회통합(social integration), 사회변동(social change), 사회통제(social control) 등 세 가지의 기능을 갖는다. 이원규, 『한국교회의 사회학적 이해』, (서울: 성서연구사, 1992), pp.84 - 86.

는 사실로서 국가적으로 큰 손실이 아닐 수 없다. 그리고 교회의 영향력 상실은 교회성장에도 영향을 미쳐 1980년대까지 고도의 성장을 이룩한 한국교회는 1990년대 이후 마이너스 성장이라는 위기를 맞게 되었다.[13] 특히 요한 웨슬레의 신학에 근간을 두고 있는 기독교대한성결교회의 사회복지참여 실태는 매우 미흡한 실정이다. 교단 창립 100주년을 맞이하여 사회복지법인을 설립하고, 천안시에 무료·실비 노인요양원인 성결원을 건립하였다. 그리고 학교법인 서울신학대학교가 부천시로부터 위탁받아 운영하는 부천종합사회복지관을 제외하고는 찾아볼 수가 없다. 기독교대한성결교회 총회가 운영하는 서울신학대학교 일반학부에 1981년 10월 20일 사회사업학과가 개설된 이후 점차 사회복지사업에 대한 관심이 증대되고 있기는 하지만 타 교단에 비하여 교회사회복지참여에 대한 교단적인 기구나 실천은 걸음마 단계에 머물러 있다고 할 수 있을 것이다. 물론 개별교회에서 자체적으로 실시하고 있는 사회복지활동이 있기는 하지만 교단 차원에서 정책적으로 개입하여 추진하고 있는 사회복지참여는 매우 미미한 실정이다. 따라서 교회사회복지참여의 활성화를 위하여 기독교대한성결교회의 사회복지 실태를 파악하고, 이러한 활동에 영향을 미치는 요인이 무엇인지 탐색적인 연구가 시급한 과제라고 할 수 있다. 그리고 지역사회를 향한 교회사회복지참여의 중요성을 인식하고 적극적이며 효율적인 방안과 전략을 위하여 연구를 해야 할 필요성이 제기되고 있다.

---

13) 이성희, 『미래사회와 미래교회』, (서울: 대한기독교서회, 1997), p.246.

2. 연구의 목적

상술한 문제의식을 바탕으로 본 연구에서는 교회의 사회복지참여에 영향을 미치는 요인을 분석하여 이를 토대로 기독교대한성결교회의 정책적인 사회복지참여를 위한 제언과 활성화 방안의 기초적 자료를 제공하는 데 그 연구의 목적을 두었다.

위와 같은 연구목적을 달성하기 위하여 다음과 같은 연구문제를 설정하였다.

연구문제 1. 교회지도자의 사회복지 의식에 따라 교회의 사회복지참여에 차이가 있는가?

연구문제 2. 교회자원(인적, 재정, 물적)에 따라 교회의 사회복지참여에 차이가 있는가?

연구문제 3. 지역사회의 문제의 심각성에 따라 교회의 사회복지참여에 차이가 있는가?

연구문제 4. 교회의 사회복지참여에 미치는 영향 요인은 무엇인가?

제2절 연구범위와 방법

1. 연구의 범위

첫째, 본 연구의 대상적 범위는 기독교대한성결교회 회원으로 등록된 교회에 현재 시무 중인 담임목사와 장로들을 모집단으로 비확률 표본추출법 중 편의추출법(convenience sampling method)을 이용하여 조사대상으로 한하였다. 그 이유는 목사와 장로들은 교회의 사회복지참여에 상당한 영향력을 가지고 있다고 할 수 있기 때문이다.

둘째, 설문지를 배포한 공간적 범위는 표본추출을 위해서 표집틀은 기독교대한성결교회 2007년 제101년차 총회 회의자료에 있는 전국교회목록표를 사용하였다.[14] 기성교단은 총 5,948개 교회로 표본을 250명(목사, 장로 각각 125명)으로 하였으며, 집단 간격은 매 15번째 숫자가 표본이 되었다(k = 15/5,000).

셋째, 연구의 시간적 범위는 2007년 6월 26일 현재 시점을 기준으로 하였다.

2. 연구의 방법

본 연구의 방법은 첫째, 기존의 관련문헌에 대한 검토와 탐색적 연구 그리고 실증 연구 방법을 통한 설명적 연구를 병행하였다. 둘째, 목회자와 장로의 사회복지 의식과 교회자원(인적, 재정, 물적) 변인이 교회가 사회복지참여를 결정하는 데에 얼마나 영향을 미치고 있는지를 기독교대한성결교회를 중심으로 설문조사를 통하여 분석하였다.

연구목적을 달성하기 위하여 연구과정을 구체적으로 제시하면

---

14) 기독교대한성결교회, 『제101년차 총회 보고서』, (서울: 기독교대한성결교회 총회본부, 2007), p.576.

다음과 같다.

첫째, 교회의 사회복지참여에 대한 문헌들을 고찰하여 이론적 배경을 파악하였다.

둘째, 연구모형을 설계하고 연구가설을 설정하였다.

셋째, 전국에 산재한 기독교대한성결교회 5,948개처 중 250명(목사와 장로 각각 125명)을 표본으로 설문조사하여 교회의 사회복지참여 실태를 파악하였다.

넷째, 실태조사 내용에 대한 과학적인 분석을 통하여 교회의 사회복지참여에 영향을 미치는 요인들을 규명하고 연구가설을 검증하였다.

다섯째, 분석된 내용을 바탕으로 목회자와 장로의 사회복지인식과 교회 변인(인적, 재정, 물적 자원)에 관련된 기독교대한성결교회의 사회복지참여 활성화를 위한 제언을 하였다.

제2장 이론적 배경

제1절 교회사회복지의 개념과 기능

1. 교회사회복지의 개념

교회사회복지란 교단 그리고 교회들의 연합체, 교회와 그 산하 기관들이 실천하는 사회복지적 활동을 의미한다고 할 수 있다. 따라서 교회의 사회복지적 활동이란 교회가 인간의 행복을 추구하는 공적, 사적인 모든 사회적 노력에 동참하는 활동이라고 할 수 있다.

최성재[15]는 교회사회복지란 "교회가 주체가 되어 교회 내외의 개인, 가족, 집단 그리고 지역사회의 당면문제나 공통적인 욕구를 해결하는 데 도움을 주기 위해서 계획적이고 조직적이며 지속적으로 물질과 서비스를 제공하는 활동"이라고 정의하였다.

한국자원봉사능력개발연구회[16]에서는 교회사회복지란 "교회에서 이루어지는 사회봉사 활동 및 사업"이라고 정의하고 있다. 사실 이러한 정의는 교회사회복지에 대한 평면적인 이해로서, 기독교와 사회복지의 접목 또는 기독교와 사회복지의 통합의 결과라고 할 수 있다. 이러한 관점은 기독교와 사회복지를 상호 이질적인 영역으로 간주하고 교회사회복지를 양 영역간의 화해와 화합으로 보는 견해

---

15) 최성재, "교회사회봉사사업 계획과 실천", 대한예수교장로회 총회사회부 편, 『교회사회봉사총람』, (서울: 한국장로교출판사, 1994), pp.252‐253.

16) 한국자원봉사능력개발연구회, 『한국교회 사회봉사사업 조사연구』, (서울: 성광문화사, 1990), pp.3‐5.

라고 할 수 있다.

그러나 기독교와 사회복지는 역사적으로나 가치적으로 상호 이질적인 것이 아니라 동일한 영역에서 동질의 것으로 추구하며 발전해 왔다고 할 수 있다.

김기원[17]은 교회사회복지란 "기독교의 근본정신인 생명존중과 이웃사랑, 봉사와 헌신을 통해서 세상 가운데 열악한 처지에 처한 사람들의 물질적, 신체적, 정신적 고통을 양적·질적으로 완화시키고, 생활상의 곤란을 개선시켜 주는 데 있다. 이것은 그들의 삶의 질을 향상시키며, 성서적 정의를 실천하여 상실된 하나님의 형상을 회복시키려는 교회의 제도적이고 체계적인 노력이자 가치체계이다."라고 정의하였다. 이 정의는 지역사회에 거주하는 주민을 대상으로 삶의 문제, 즉 인간관계, 건강, 소득, 여가, 교육 등의 욕구 충족, 예방, 치료를 목적으로 전문적이고 체계적이며, 조직적인 원조활동으로 이루어지는 사회복지활동을 의미한다고 하겠다.

그러나 밀러(Miller)[18]는 사회복지 프로그램을 통한 기독교의 전인적인 사랑과 헌신의 사상이 사회로 전파되는 것은 바람직스러운 일이지만, 그 프로그램이 기독교 교리에 영향을 받는 것은 바람직스럽지 않다고 주장하였다. 교회의 사회복지참여는 인간을 위한 편견 없는 사랑이어야 하며 기독교를 전파시키려는 목적만을 위한 행위가 될 수 없기 때문이다. 사실 이러한 갈등은 교회가 사회복지활동에 있어서 오랫동안 논의되어 왔는데 이런 딜레마를 해결하기 위해서는 교회와 전문적 사회복지와의 관계를 정립해야 할 것이다.

---

17) 김기원, 『기독교 사회복지론』, (서울: 대학출판사, 1998), p.34.

18) Haskell M. Miller, *Compassion & Community* (N.Y.: Association, 1961), p.47.

교회사회복지와 전문적 사회복지는 인간의 물리적 욕구에서부터 나아가 사회적, 정신적 욕구에 반응하며 궁극적으로 전인적인 인격의 완성을 목표로 한다는 점에서는 동일하다고 할 것이다. 그러나 참여의 근거가 교회는 하나님에 대한 신앙에 있고 전문적 사회복지는 과학과 인본주의에 있다는 점에서 차이가 있다.

마티(Marty)[19]는 교회가 사회복지에 참여함에 있어서 대체로 기독교 신앙과 전문적 사회복지의 지식, 가치, 기술은 무리 없이 통합될 수 있다고 주장하였다. 교회의 자원과 헌신적 자세, 그리고 사회복지의 전문성이 결합되어 양과 질에 있어서 풍부한 사회복지를 실현할 수 있다는 것이다. 교회 자체 또는 교회가 관할하는 사회복지기관에서 사회복지의 훈련을 받은 그리스도인이 목회자이든 일반교인이든, 인생에 대한 신앙적 기본입장을 유지하면서 전문적 사회복지를 실시할 수 있다고 하겠다.

갈랜드와 콘라드(Garland & Conrad)[20]는 교회사회복지의 실천체계와 일반 사회복지 실천체계를 구분 짓고 교회사회복지의 성격을 규정해 주는 특성을 다음과 같이 정리하고 있다.

첫째, 교회사회복지는 자원자에 의한 조직체 차원에서 실천되고 있다. 교회사회복지사들은 자신을 채용한 기관과 관계를 유지할 뿐만 아니라 다른 교회기관들과도 관계를 갖게 된다. 둘째, 교회사회복지는 의료사회봉사나 학교사회사업처럼 주관기관의 2차적 기능

---

19) Martin E. Marty, "Social Service: Godly & Godless", *Social Service Review*, 54(4), 1980, pp.463 – 481.

20) Diana R. Galand, Richmond & Ann P. Conrad, "The Church as a Context for Professional Practice", In Diana R. Galand and Diana L. Pancost Eds. The Church's Ministry with Families Irving (TX: Word. 1990). 전광현 외, 전게서, p.47. 재인용.

으로 실천되고 있다. 그렇다고 하더라도, 교회사회복지사가 교회의 사명을 이해하고 당대의 사회적 문제점에 대한 세부적인 신학적 입장까지 설명할 수 있게 하는 사회행동은 교회가 그 소명을 추구하는 데 없어서는 안 될 방법이라 할 수 있다. 셋째, 평신도는 교회사회복지에 있어서 중심적인 역할을 하게 된다. 넷째, 교회는 우리 사회에 있어 하나의 중재기구 역할을 하게 된다. 다섯째, 교회는 그 나름의 문화를 지니고 있다고 할 수 있다. 가정과 마찬가지로 교회는 각기 다양한 구조와 생활양식 그리고 자신의 정체를 정의하는 방법을 지니고 있는 것이다. 따라서 나름대로의 의결절차를 가지는데, 이는 고도의 형식적 조작과 위계질서로부터 비형식적이고 민주적이며 유동적인 절차에 이르기까지 다양하다고 하겠다.

이상에서 제기되었던 교회사회복지의 개념을 정리하면 교회사회복지란 교회가 주체가 되어 교회 내와 교회 밖의 개인, 가족, 집단 그리고 지역사회의 당면문제나 공통적인 욕구를 해결하는 데 도움을 주기 위해서 계획적이고 조직적이며, 지속적으로 금품을 제공하거나 전문적인 서비스를 제공하는 활동을 의미한다. 교회사회복지는 인간이 접하게 되는 온갖 사회환경이나 문제를 해결하고자 하는 일체의 노력을 다하는 것이라는 점에서 사회복지의 목적과 같다.

2. 교회사회복지의 영역

교회사회복지의 실천영역은 넓고 다양하다. 교회사회복지참여의 영역을 교회사를 통해서 살펴보면 사회복지의 대상자들은 주로 고아, 과부, 이방 나그네, 곤궁한 품꾼, 빈민, 노예, 빚진 자, 노인, 장애인 등으로 이들을 교회나 수도원 또는 구빈원(수용시설) 등에서 도와주었다. 오늘날 교회사회복지서비스 대상자들을 살펴보면 전과 별다른 차이가 없다. 즉 소년소녀가장, 모자가정, 장애인, 노인, 외국인 근로자, 기초생활수급자 등은 아직도 교회사회복지참여의 주요 대상이 되고 있다. 사회복지활동 장소로는 교회나 교회부속 건물뿐만 아니라 교회운영 사회복지관이나 지역사회의 각종 복지시설에서 다양한 서비스를 제공하고 있다.

최근 한국은 산업화, 도시화, 핵가족화 등의 급격한 사회변화 속에 고령노인과 선천성 및 후천성 장애인구가 증가하고 있어 병약한 노인들을 위한 보건의료복지서비스와 장애인들의 재활보호가 절실히 요구되고 있다. 핵가족화와 소가족화로 인한 가족의 어린이 및 노인부양 기능이 약화되어 가족구성원을 보호하고 지원할 수 있는 가정복지서비스도 필요하다. 특히 지난 몇 년 동안 외환위기를 만나 대량실업으로 인한 실업자 및 노숙자들이 증가하면서 노동자들의 가정이 해체되는 현상까지 일어나 실업자들을 위한 취업알선, 노숙자들을 위한 쉼터 운영, 해체된 가정을 위한 영유아 보호, 재정지원, 상담 등의 서비스가 교회사회복지서비스의 새로운 대상으로 나타났다.

따라서 교회의 사회복지참여도 사회복지활동의 구분에 따라 아동복지, 청소년복지, 노인복지, 장애인복지 등으로 구분될 수 있다. 최근 여성에 대한 관심과 외국인 노동자 및 탈북자를 위한 복지활동이 추가될 수 있으며, 지역주민들의 복지증진을 위하여 교회가 지역복지관을 위탁받아 운영하는 빈도도 높아지고 있다. 이상을 종합하면 교회의 사회복지참여는 대상별로는 ① 아동·청소년복지, ② 여성·가족복지, ③ 노인복지, ④ 장애인복지, ⑤ 외국인노동자·탈북자복지, ⑥ 노숙자복지와 영역별로는 ⑦ 지역사회복지, ⑧ 종합복지관으로 구분될 수 있을 것이다.[21]

현대사회문제의 복합성으로 말미암아 교회의 사회복지참여는 보다 전문적인 사회복지 개입방법을 도입해야 할 필요성이 증대되고 있다. 교회의 사회복지참여는 구제활동은 물론 개인적인 욕구를 충족시키는 직접 서비스, 즉 교육, 상담, 위기 개입, 가족치료 등의 서비스를 제공할 수 있다. 또한 교인들에 대하여 서비스 제공방법에 대한 교육이나 사회복지에 대한 동기부여를 할 수 있으며 서비스를 위한 구조개발과 프로그램 평가, 나아가 개인·집단 및 지역사회의 복지를 위한 옹호활동도 할 수 있다.[22]

부성래[23]는 기독교 사회참여의 패러다임을 위한 복지활동 유형을 제시하였다.

첫째, 지역사회 지지체계(community support system) 유형이다. 보올비(Bowlby)의 접촉이론(attachment theory)에 따르면 인간의 복지는 믿을 만한 타자들과의 근본적이고 적극적인 상호작용이라고 했다. 사람들은 자연적으로 매일같이 이웃이나 친척, 친구들에게 의존하고 때로는 급하게 도움을 요청하기도 한다. 각 개인은 각각의 개인의 삶에서 정도의 차이는 있으나 여러 가지 다른 경우로

---

21) 손병덕, "교회성장요인으로서의 서울 경기지역 개(個)교회의 사회복지사업 참여 연구", 총신대학교, 『총신대논총』, 제22권, 2003, p.247.

22) 성규탁 외, "한국교회의 사회복지 참여에 관한 연구", 『신학논단』, (연세대 신대부설 한국기독교문화연구소, 1991), pp.252-253.

23) 부성래, "기독교사회복지 개념화를 위한 서설", 한국기독교사회복지회 편, 『기독교와 사회복지』, (서울: 도서출판 예안, 1995), pp.83-90.

다른 사람과의 관계가 필요해진다. 필요한 관계는 ① 중요한 타자와의 의미 있는 접촉, ② 일반적인 흥미 있는 관계의 얽힘 가운데 사회적 총화가 이루어짐, ③ 타자, 특히 아기나 어린이들을 보살피고 노인들을 돕는 기회, ④ 사회적 역할을 수행함으로써 얻어지는 개인가치의 재확인, ⑤ 강한 소속감과 개인의 존재 가치가 높아짐, ⑥ 친척들과의 신뢰할 수 있는 관계를 느끼게 함, ⑦ 개인이 문제가 생겼을 때 믿을 만하고 권위 있는 사람으로부터 지도받음 등이다. 위의 어느 하나와의 관계가 부족해도 문제가 발생된다. 그 문제란 인간관계의 여러 가지 성격에 달려 있다. 개인의 의존체계의 여러 가지 요소들은 자연스럽게 자기 자신의 여러 가지 욕구들로부터 생겨나고, 그런 욕구들은 사회적 관심을 일으키며, 지역주민의 밀착된 얽힘을 통해서 개인의 문제를 해결할 수 있는 기본적 사회자원이 된다.

다른 하나는 상호부조적 자조집단(self-helf group) 유형이다. 이 유형은 지역사회 지지체계의 변형된 모형으로 지역사회 내의 주민들이 자주적이고 자율적으로 그들 스스로가 자연적 도움의 얽힘을 만들어 공식화시킨 상호부조 집단이다. 오늘날 한국 사회가 당면하고 있는 사회문제는 한국 사회의 총체적 의식구조의 파괴에서 왔다고 볼 수 있다. 이 의식구조의 총체적 파괴 때문에 인간의 의식구조 양육의 장(場)인 지역사회 공동체가 파괴되어 도시뿐만 아니라 한국 사회 전반에 걸쳐 이웃을 찾기가 힘이 든다. 따라서 사회문제 해결은 이웃 찾기와 파괴된 지역사회를 새롭게 하는 일이다. 이 새롭게 하는 일이 지역사회 내에서 이웃 만들기, 상호부조적 자조집단 같은 소집단 만들기의 형태로 표출되어야 한다.

김기원[24]은 교회가 사회복지를 구체적으로 실천하는 방법으로 단독사업, 위탁사업, 연계사업, 연합사업, 후원사업 등을 제시하였다.

첫째, 단독사업은 교회가 지역사회에서 자체적으로 필요한 인적·물적 자원을 획득하고 복지사업을 직접 기획, 실시, 평가하는 것을 말한다. 이때 교회가 복지사업을 단독으로 실시할 경우 1차적 수혜대상자가 소속 교회의 성도나 직원들이 되는 상호수혜조직(mutual benefit organization)이 되지 않도록 노력해야 한다고 강조한다.

둘째, 위탁사업은 개(個)교회가 정부나 사회단체 또는 총회로부터 일정한 사업을 위탁받아 복지사업을 실시하는 것을 말한다. 위탁기관이 교회에게 복지사업의 운영에 필요한 시설이나 재정적 지원을 제공하고, 교회는 복지사업을 책임지고 운영하는 형태이다. 경우에 따라서는 교회시설의 일부를 지역사회 어린이 놀이방을 위한 공간으로 전환하여 교회 내에서 보육서비스를 제공하고 운영에 필요한 재정지원을 정부나 총회 등으로부터 받는 프로그램 위탁도 가능하다고 하였다.

셋째, 연계사업은 교회가 한편으로는 지역사회에서 도움이 필요한 사람과 필요한 도움의 내용을 파악하고, 다른 한편으로는 지역사회 안팎에서 이들에게 도움을 줄 수 있는 개인이나 단체를 파악하여 상호 연계시켜 주는 사례관리자의 역할을 수행하는 것을 말한다. 연계사업은 재정이 어려운 교회라도 체계적인 노력만 기울인다면 큰 재정부담 없이 실천할 수 있는 사업으로 최근에 시도되고 있는

---

24) 김기원, "종교기관의 지역사회복지 활성화 방안", 한국종교계사회복지대표자협의회 편, 『종교와 지역사회복지』, (서울: 한국종교계사회복지대표자협의회, 2000), pp.1 - 17.

Food Bank[25])나 LETS[26]) 등이 연계사업의 좋은 예라고 말하고 있다.

넷째, 연합사업은 개(個)교회가 단독으로 지역사회를 위한 복지사업을 하기가 어려운 경우 수 개의 교회가 연합하여 공동으로 복지사업을 수행하는 것을 말한다. 연합사업을 위해서는 지역사회 교회들 간에 협력이 필수적인데 개인주의가 팽배하고 교회 간 경쟁의식이 강한 오늘의 기독교계에서는 많은 노력이 수반되어야 효과를 올릴 수 있음을 강조하고 있다. 교회나 지역사회의 복지기관이나 자치단체와의 연합사업도 가능한데 교회가 지역사회의 사회복지시설이나 기관들과 유기적인 서비스망을 구성하여 운영한다면 사회복지활동은 보다 효과적으로 수행될 수 있다고 하였다.

다섯째, 후원사업은[27) 교회들이 단독으로나 공동으로 직접 복지사업을 수행하는 대신에 지역사회의 복지기관들에게 재정적 지원이나 필요 봉사인력을 제공함으로써 간접적으로 사회복지사업을 수행하는 것을 말한다. 후원을 함에 있어 유명한 복지기관이나 재정적으로 안정된 기관을 후원하기보다는 재정적으로 어려움을 겪고 있는 비인가 복지시설이나 소년소녀가장, 저소득 모자가정, 시설보호아동, 빈곤장애인, 독거노인 등과 같은 열악한 개인들을 우

---

25) 잉여식품 나눔 은행인 Food Bank는 교회가 농수산물센터, 농장, 슈퍼, 호텔, 백화점, 제과점, 레스토랑, 뷔페식당 등에서 팔다 남은 식품이나 음식물을 수거해 굶주리는 빈민들에게 보내 주는 사업이다.

26) 녹색화폐, 지역화폐, 시간달러(time dollar) 등으로도 불리는 LETS(Local Exchange Trading System)란 지역교환거래제도로 일정 지역 내에서 회원들 간의 상품 또는 서비스 거래를 국가화폐가 아니라 독자적인 지역화폐를 사용하여 결제하는 제도이다. 자원봉사를 위한 LETS는 지역사회 성원들이 자신이 여력 있을 때 자원봉사를 해 두면 필요할 때 자신이 과거에 봉사한 것만큼을 다른 봉사자로부터 제공받을 수 있도록 하는 일종의 품앗이제도이다.

27) 후원은 결연후원과 기금후원으로 구분된다. 결연후원은 후원자가 정기적으로 일정액을 결연대상자에게 지급하는 것이고, 기금후원은 복지사업을 위해 금액과 기간에 관계없이 행해지는 것이다.

선적으로 후원하는 것이 바람직한 것으로 보고 있다.

3. 교회사회복지의 사회적 기능

교회는 본질상 유기적인 조직체로서의 특성을 가지고 있다. 그러므로 교회가 추구하는 속성상 사회로부터 사회복지와 관련된 여러 요구에 직면하고 있다. 즉 교회가 수행해야 하는 여러 기능들을 어떻게 조화시키면서 사회복지활동을 하는가에 대한 문제에 직면했다고 할 수 있다. 현대 사회에서 사회복지의 가장 중요한 주체는 국가임을 부정할 수는 없다. 세속화된 정부의 출현은 전통적으로 교회가 주도적으로 담당하였던 사회복지의 영역을 국가가 담당하도록 하였다. 따라서 교회는 과거 기독교 세계에서와 같이 복지의 중심 주체가 될 수 없는 상황이다.

현대와 같이 다원화된 사회에서 교회는 종교단체로서뿐만 아니라 민간복지단체로서의 전문적 영역을 가져야 한다. 그렇다고 교회의 본질적 기능을 포기하고 복지기관이 될 수는 없을 것이다. 곧 사랑, 나눔, 봉사 등은 기독교의 핵심적인 가치이고, 교회의 교회다움을 드러내는 가장 중요한 열매이기 때문에 이 일을 소홀히 할수는 없다. 따라서 국가가 중심이 된 사회복지의 보완 혹은 보충적 역할을 교회가 담당해야 할 것이다. 이 보충적 역할은 두 측면에서 이해할 수 있는데 하나는 국가가 법의 미흡 또는 법의 경직적 운영으로 인하여 실질적으로 최저생계수준 이하의 생활을 하면서도 국가의 보호로부터 탈락된 사람들에 대한 지원을 해 주는 것

이고, 다른 하나는 국가와 적극적 파트너십을 이뤄 국가의 재정보
조도 받으면서 교회가 위탁, 운영할 수 있는 사회복지 프로그램을
많이 발전시켜야 한다는 것이다. 전자는 국가의 급여에 대한 보충
적 역할을 교회가 담당하게 되고, 후자는 국가의 서비스 전달의
일부를 교회가 담당하게 된다.[28]

　김기원[29]은 전략적 측면에서 교회의 사회복지참여 기능을 세 가
지로 세분하고 있다.

　첫째, 완화적 기능(alleviative function)이다. 교회는 사회복지참여
를 통해서 빈곤, 장애, 노령, 이혼, 부모사망 등으로 인해 사회적으
로 열악한 처지에 있는 사람들이 겪는 고통을 덜어 주는 기능을
한다. 교회는 소년소녀가장을 위한 결연사업, 불우청소년 장학사업,
경로잔치, 재가노인봉사, 노인무료급식, 장애인보장구 지급사업 등
을 통하여 완화적 기능을 수행한다.

　둘째, 치료적 기능(curative function)이다. 교회는 사회복지참여를
통해 빈곤의 악순환을 막거나 스스로 자립할 수 있도록 기능을 한
다. 유아원, 공부방, 탁아소, 야학, 독서실, 직업훈련, 취업알선, 모
자사업, 재활사업, 공동작업장운영, 무료진료, 소득사업 등을 통하
여 학습분위기를 제공하거나 자립할 수 있도록 함으로써 치료적
기능을 한다.

　셋째, 예방적 기능(preventive function)이다. 교회는 사람들의 노
령, 질병, 장애, 이혼, 실업 등에 대비해서 이를 예방하는 기능을

---

28) 박경숙, "역사적 측면에서 본 교회의 사회복지실천의 필요성과 교회의 자원활용", 기
　독교윤리실천운동 사회복지위원회 엮음, 『교회의 사회복지 참여하고 실천하기』, (서
　울: 대한기독교서회, 2004), p.52.
29) 김기원, 『기독교사회복지론』, pp.25 - 26.

수행할 수 있다. 신협을 통한 저축사업, 가족상담사업, 노동상담사업 등을 통하여 예방적 기능을 수행한다.

사회복지 실천을 위한 교회의 역할을 규정함에 있어서 교회를 중심으로 지역사회를 고찰함과 동시에 또한 지역사회의 관점에서 교회와의 관계를 고찰하는 것도 중요하다.

박종삼[30]은 교회 밖에서 교회의 사회복지참여를 어떻게 바라보는가를 다음 몇 가지 준거에서 기독교 사회복지의 패러다임을 염두에 두고 예를 들어서 설명하였다.

첫째, 기능주의 이론[31]에 입각하여 볼 때 지역사회가 종교와 관계를 맺으려고 하는 주된 이유는 자신들의 복지욕구를 충당해 주는 기능의 수행자로 교회를 본다는 것이다. 실제로 국가나 지역사회, 사회복지학계가 복지를 중심으로 교회에 접근할 때 교회는 복지욕구를 충족시키는 수단으로 전락할 수 있다는 해석마저 가능하게 된다. 교회가 이런 기능주의적 접근을 환영할 것인지에 대해서는 여러 가지 변수들을 매개시키면서 분석을 해야 할 것이다.

둘째, 사회복지의 통합적 기능으로서의 지역사회와 교회의 관계를 살펴보았다. 지금까지 한국교회는 지역주민들과의 의미 있는 삶의 나눔이나 지역문화의 공유, 대화가 이루어지지 못한 채 지역내의 교인들만을 위한 것이었다. 이러한 경향은 교회라는 조직이나 활동이 지역사회 내 여러 조직이나 기관의 활동과 의미 있는 연계

---

30) 박종삼, "지역사회복지 실천과 교회의 역할", pp.263 – 265.

31) 기능이론(Functional Theory)은 뒤르껭(Durkheim, 1915)과 베버(Weber, 1958)의 영향을 받은 것으로 사회현상을 이해하는데, 사회 안에 있는 모든 요소들은 상호관계가 있으며, 각각 적용(adaptation)과 조정(adjustment)에 의하여 변화에 반응한다고 보고 있다. 이원규, 『한국교회의 사회학적 이해』, (서울: 성서연구사, 1996). p.84.

를 맺지 못하고 있음을 나타낸다. 특히 지역주민의 복지욕구를 사정하고 해결책을 모색함에 있어서 교회는 지역사회 내에서 이미 기능하고 있는 복지서비스체계와 기능적인 관계를 갖지 못했다. 그 결과 교회의 사회복지참여 결과나 지역사회의 복지욕구 충족에서 모두 불만족스러운 결과를 초래하게 되었다. 사실 교회의 사회적 통합이나 사회의 교회적 통합이란 결코 쉬운 과제는 아니다. 그러나 교회의 본질을 강조하기 이전에 사회적 기능의 차원에서 접근한다면 통합적 기능의 모색은 가능하리라고 본다.

셋째, 개(個)교회주의와 집합교회주의를 준거로 교회의 구조나 기능을 이해하였다. 이것은 종교의 조직적 차원에서 정치적인 권력이 개교회에 분산되어 있는가 또는 집합교회에 집중되어 있는가에 따라서 구분된다. 일반적으로 개신교는 개교회주의를, 가톨릭에서는 집합주의를 표방하고 있다. 이런 차이는 지역사회와 교회를 복지적 기능단위로 조성할 때 중요한 차이점을 나타낸다. 개교회주의를 고수하는 개신교 소속의 지역교회는 비록 그 교회가 교단의 총회, 지방회(노회) 등 상회에 소속되어 감독을 받는다고 해도 교회는 기능적으로 자율성을 갖고 지역사회에서 융통성 있게 교회활동을 전개할 수 있다. 교회에서 지역사회복지에 비교적 자유롭게 참여할 수 있고, 또한 지역주민의 복지욕구에 대해 짧은 시간 내에 대처할 수 있는 가능성이 있다. 다만 개교회지도자의 결정권이 상회의 감독을 받지 않기 때문에 지도자의 사회복지이념에 따라서 긍정적인 방향 또는 부정적인 방향으로 나갈 수 있는 단점이 있다. 또한 지역사회 내의 복지요구가 방대할 때 개교회는 이것에 대처할 만한 자원의 한계성으로 그 기능이 발휘될 수 없게 된다.

제2절 교회의 사회복지참여 근거

1. 교회의 사회복지참여 의의

교회의 사회복지참여 의의는 사회문제 해결을 위한 충분한 전문적인 지식과 과정 등을 포함하고 있다고 할 수 있다.

유장춘[32]은 교회의 사회복지참여 의의를 다음과 같이 제시하고 있다.

첫째, 교회의 사회복지참여는 과학적이고 전문적인 지식과 기술을 요구한다고 하였다. 급변하는 사회를 분석, 판단하며 전문적이고 과학적 방법론을 활용하여 보다 효과적인 활동이 요구되며, 앞으로 교회에서 이루어지는 사회복지활동은 교회사회사업으로 전환이 요구된다고 하였다. 따라서 교회 내에 사회복지를 담당하는 전문인력이 도입되어야 하며, 교회의 사회복지참여를 담당할 인력은 사회복지에 대한 전문지식과 함께 신학적 기반을 가진 사람이어야 한다고 말한다. 현재 교회가 이러한 인력을 고용하기 어려운 경우에는 지역사회복지 전문가를 통한 자문과 상담을 통하여 필요한 정보와 기술을 받아들여야 함을 강조하고 있다.

둘째, 교회의 사회복지참여는 장기적인 목표와 이를 향한 단계적인 단기 목표들을 설정하여 효과적이며 효율적으로 실천해야 한다고 하였다. 장기목표에는 교인들의 의식전환을 위한 분야, 교회

---

32) 유장춘, "교회사회봉사 부문 목회계획 수립을 위한 워크숍: 교회사업적 측면에서", 『대한예수교장로회(통합) 대전 서노회 사회부 주최 워크숍 자료집』, 1999, pp.23 – 24.

예산과 자원동원을 위한 분야, 지역사회의 문제에 대한 장기적 목적 등 각 분야에 대한 이념적 목적들이 설정되어야 하고, 각각의 목적에는 측정가능한 수치로 설명된 목표가 제시되어야 한다. 그리고 각각의 목표에 대하여 단기적으로 또는 우선적으로 실행되어야 할 과제들이 선정되어야 할 뿐만 아니라 각각의 목적과 목표들은 일관성과 지속성의 차원에서 합리적이고 논리적이어야 한다고 하였다. 따라서 먼저 해야 할 일과 나중에 할 일의 순서가 정해져야 하고 각 교회의 상황에 합당한 우선순위가 결정되어야 한다. 뿐만 아니라 사회복지 자원과 구체적인 서비스나 프로그램이 효과적이며 효율적으로 제공되어야 한다.

셋째, 교회의 사회복지참여를 지역사회의 욕구와 일치시켜 가야 한다고 하였다. 이를 위해서 교회는 다양한 사회과학적 조사방법론을 동원하여 지역사회를 조사해야 한다. 지역사회의 욕구를 조사하기 위해 해야 할 일은 지역의 상황이나 여건에 대하여 질문하고 그 사실들로부터 명확한 문제를 도출해야 하며 그 문제의 분포와 수준을 측정하고 그 영향들을 분석하여 반드시 욕구로 재해석되어야 한다고 하였다.

넷째, 지역사회 센터로서의 교회는 동원할 수 있는 잠재적 자원들을 충분히 활용하여 지역복지공동체의 구현에 참여할 수 있도록 해야 한다고 하였다. 지역사회에 그 뿌리를 두지 않는 교회는 존재하지 않기 때문이다. 선한 영향력을 주는 교회는 교회의 건물 개방을 통해서 지역사회와 밀접한 관계를 지속적으로 가짐으로써 지역사회 복지를 강화시켜 나가고, 아울러 지역사회 주민들의 삶에 좋은 영향을 끼침으로써 살기 좋은 지역사회를 만드는 데 일익을 담당할 수 있음을 강조하고 있다.

　다섯째, 교회의 사회복지참여를 위한 네트워크를 구축해야 한다
고 하였다. 오늘날 네트워크 구축은 모든 분야 발전의 핵심적 과
제가 되고 있다. 모든 조직이 폐쇄적으로 될 때 더 이상 질적이고
양적인 성장을 기대할 수 없다. 특히 교회와 지역 내의 사회복지
기관은 모두 문제에 처한 개인과 지역사회에 일차적인 관심을 갖
고 있으며, 인간의 복지를 지향하고 있다는 면에서 서로 일치한다.
그러나 교회는 지역복지활동에서 그 동기와 정신, 지역적 토착성과
시설, 자원동원이라는 면에서는 큰 강점을 갖고 있으나 사회복지
전문성에 있어서는 큰 한계를 가지고 있다. 반면에 사회복지기관은
사회복지방법론의 전문성과 합법성, 프로그램과 제도적 지원, 사회
복지 상징성에 있어서 장점을 갖고 있으나 이러한 것들을 지역사
회와 현장에서 실천할 수 있게 하는 시설과 인력, 자원 동원에 큰
한계를 갖고 있다. 따라서 교회는 기독교 신앙의 실현이라는 점에
서 사회복지기관과의 연합을 모색해야 하고, 사회복지기관은 복지
프로그램 확산과 지역사회 자원의 효율적 동원이라는 명제 아래
교회와의 연계를 추진해야 한다고 하였다. 그리고 이러한 사회복지
활동 네트워크를 구축하기 위하여 교회 간에 활발한 정보교환이
이루어져야 하며, 교단의 지역협의체 같은 곳에서 해당 지역의 복
지기관이나 시설과 연합하여 정확한 정보를 파악하는 한편, 각 교
회들의 지원현황을 평가하여 중간에서 조정자의 역할을 해 주어야
한다고 하였다.[33]

---

33) 조흥식, "교회사회복지실천의 방향", 성산효도대학원대학교 사회복지세미나 자료집,
　　1999, p.24.

고양곤[34]은 21세기의 사회복지는 정부와 민간이 파트너가 되어 지역주민의 기초적인 욕구는 주로 정부자원을 활용하여 해결하고, 그 이상의 부가적인 서비스는 민간과 협동하여 제공하는 협조체제의 구성과 전략이 필요하다고 보았다. 이러한 관점에서 앞으로 교회사회복지참여 프로그램도 다음과 같은 과제를 수행하도록 노력해야 한다고 하였다.

첫째, 교회의 사회복지참여는 지역주민의 생활에 직결되는 생활복지가 되어야 함을 강조하고 있다. 지역주민들이 정상적으로 살아가는 데 필요한 다양한 서비스, 시설 등을 개발하여 이용자들이 손쉽게 활용할 수 있도록 편의를 제공하고, 차별이나 불편함이 없이 인간답게 살아갈 수 있도록 돌보아 주는 지역환경(caring community)을 조성하도록 노력하여야 한다는 것이다. 교회도 지역구성원의 하나로 이러한 과업에 적극 동참하여 더불어 잘 사는 지역환경 조성에 참여해야 한다고 하였다.

둘째, 계속적인 경제성장과 사회보장제도의 정착으로 지역주민의 물질적인 기본 욕구는 정부보조나 본인의 노력에 의해 해결되고, 보다 고차적이고 부가적인 교육, 문화, 환경, 여가활동 등과 같은 삶의 질에 대한 욕구가 더욱 증대될 것으로 보았다. 이와 같은 부가적인 서비스를 제공하기 위해서는 복지영역을 확대하여 일반주민들의 삶의 질을 증진시킬 수 있는 보편적 서비스가 개발되어야 하며 교회사회복지활동 대상자들도 지금까지의 환경적인 요보호대상자(client) 개념에서 일반적인 소비자(consumer)로 확대하여

---

34) 고양곤, "한국 기독교 사회복지의 전망과 발전 방향", 한국사회복지연구소 편, 『기독교와 사회복지』, (서울: 홍익제, 2001), p.302 - 304.

지역주민의 복지욕구에 부응하는 서비스 개발이 필요하다고 말하고 있다.

셋째, 참여복지는 사회복지전문가나 관련 실무자들뿐만 아니라 지역사회 구성원 모두가 참여하는 복지활동이므로 지역주민 전체가 사회복지활동의 주체로서, 즉 사회복지기관의 후원자로, 이사나 자문으로, 자원봉사자로 또는 서비스 이용자로 직접 참여할 수 있는 경로를 만들어야 한다고 하였다. 이러한 참여경로를 통하여 지역주민의 권익을 옹호하고 그들의 정치적 영향력도 신장하며, 지역사회의 다양한 자원을 개발하여 지역주민의 욕구에 맞는 서비스가 개발되어야 함을 강조하고 있다.

넷째, 현재 정부와 민간의 사회복지활동이 분산되어 그 효율성이 떨어지고 있음을 지적하였다. 통합복지는 정부, 민간기관, 교회의 사회복지참여가 서로 보완하고 협조하는 복지로 이는 사회복지 공급체계의 조정과 통합을 의미한다. 지금은 최소한의 자본으로 최대한의 업무효과를 지향하는 시대이며, 교회도 지역의 사회복지 자원의 한 요소로서 지역주민을 위한 효과적이고 효율적인 사회복지 프로그램을 개발하는 데 적극 협조하여야 한다고 하였다.

다섯째, 사회복지는 인간에 대한, 인간을 위한 투자라고 정의하며 사회복지를 통한 가족 간의 통합과 사회통합은 생산력의 확보와 경제발전에 필요한 투자라고 하였다. 최근 국제통화기금 체제하에 있을 때 대량실업자와 노숙자들이 쏟아져 나온 이유는 사회적인 안전망의 구축에 대한 투자가 부족했기 때문으로 보고 있다. 실업자들에게 제공하는 공공근로사업이나 노약자들을 돌보아 주는 가정도우미 그리고 교회에서 투입하는 각종 사회복지활동은 인간

투자일 뿐만 아니라 지역사회문제를 해결하는 방법이기도 하다고
하였다. 따라서 교회의 사회복지참여는 교회의 선교사업이 될 뿐만
아니라 지역주민의 삶의 질을 증진하며 사회발전에 기여할 수 있
는 생산적인 프로그램으로 활용되어야 함을 강조하고 있다.

2. 교회의 사회복지참여 근거

한국교회는 지난 1세기 동안 한국사회와 역사에 지대한 공헌과
영향을 끼쳐 왔음에도 불구하고, 최근에 와서는 사회로부터 비난과
비판을 받기에 이르렀다. 한국교회에 대한 비판의 목소리는 여러
가지가 있지만, 교회가 비축한 재원에 대한 사회의 환원이 매우
미흡하다는 점을 지적할 수 있을 것이다.[35] 물론 사회적인 편견이
나 오해도 있을 것이다. 그러나 다행히 이러한 점을 인식하고 10
여 년 전부터 보수와 진보가 함께 한국교회가 사회복지에 대한 관
심을 가지고 교단적으로나 개별교회가 복지재단을 설립하거나 수
탁을 받아 운영하는 일들을 하게 된 것은 고무적인 일이라 아니할
수 없다.

이러한 상황에서 교회사회복지의 근거가 성서 전체의 입장에서
본질적인 기능으로 제시하고 있는지에 대해서 고찰해 보고자 한다.

---

35) 김은수, 이신형, "기독교 사회복지 신학을 위한 기초작업", 『기독교사상』, 1998년 7월
　　호, p.142; 김은수, "기독교 사회복지의 신학적 패러다임", 『신학사상』, 112(2001),
　　p.163.

1) 성서적 근거

사회복지가 추구하는 인간의 존엄성, 행복권 보장, 공동체 건설, 사회 연대 등의 기본적 가치를 성서에서도 찾아볼 수 있다.[36]

(1) 구약에 나타난 교회사회복지 의미

구약에서 오늘날의 '디아코니아'(diakonia)에 해당하는 사회봉사라는 직접적인 용어는 찾을 수 없지만 그에 해당하는 말은 성서의 본문에서 얼마든지 찾을 수 있다.

구약성서에 나타난 복지사업은 인간관과 관련이 있다. 구약의 인간 이해는 이원론적 인간 이해 곧 인간은 영과 육으로 구분되었다는 희랍적인 이해와는 달리 전인적, 유기체적인 인간으로 이해를 하고 있다. 전인적이고 유기적인 인간 이해는 인간에 대한 존엄성에 근거하여 가난한 자, 고아, 과부, 이방인 등 소외 그룹에 대한 관심과 직결된다고 볼 수 있다.

희랍 사회 역시 인간애에 대한 관심과 사회정의에 대한 관심이 높았으나 영은 선하고, 육은 악하다는 이원론적 사고는 영적인 존재는 귀족계급이고, 육적인 존재는 노예계급이라는 생각을 갖게 하였다. 그 결과 인간애와 사회 정의의 대상에서 노예계급은 제외시켜 버렸던 것이다. 그러나 히브리인들은 하나님께서 모든 인간을 평등하게 창조하였다는 신앙에 바탕을 두고 포괄적인 복지이념으로 발전시켰던 것이다. 이 사실은 구약시대의 사회적 책임에 대한

---

36) W. A. Friedlander는 사회복지의 가치로서 인간은 가치, 품위, 존엄을 갖고 있다는 개인 존중의 원리, 자발성 존중의 원리, 기회균등의 원리, 사회연대의 원리를 제시하고 있다. 김기원, 『기독교사회복지론』, (서울: 대학출판사, 2004), p.58.

이해에서 찾아볼 수 있다.

성서의 사회복지 개념을 이해하려면, 먼저 성서가 어떻게 형성되었는가를 이해해야 할 것이다. 성서에는 오랜 세월에 걸친 이스라엘 민족의 '삶의 자리'가 반영되어 있다. 즉 고대 이스라엘 사람들의 사회, 문화, 경제, 종교적인 삶과 그 가운데서 일어난 사건을 이해하고 해석한 결과물들이 성서로 집대성된 것이다. 따라서 성서를 연구함으로써 이스라엘 사람들의 사회복지 사상을 도출해 낼 수 있을 것이다.

이스라엘 사람들의 생활과 종교적 가치관이 반영된 성서의 사회복지 개념을 고찰하기 위해 먼저 이해하고 넘어가야 할 내용이 있다. 그것은 고대 이스라엘의 성립과정에 대한 이해라 할 수 있다. 주전 1,200년경 이집트 제국과 가나안 도시국가들이 해체되던 힘의 공백기에 이스라엘 공동체가 형성되었다. 이스라엘민족 기원은 노예생활에서 해방을 경험하고 출애굽한 모세집단과 도시국가에서 밀려난 변방의 유랑민들과 천민, 즉 사회적으로 억압받던 집단인 '합비루'(hapiru)들이 연합하여 형성되었다. 그래서 초기 이스라엘의 사회적 특징은 지역단위의 12지파 연합체로서 계급구조에 의한 중앙집권적인 지배구조가 아니라 정치적으로 동등했으며, 반국가적이며, 반지배적인 특성을 지니고 있었다. 이들은 사회적 해방과정과 새로운 조직과정에서 야훼 하나님 경험 — 야훼는 억압당하는 자들과 노예들을 해방하는 자요, 자비와 정의를 실현하는 주(主)이시다 — 을 중심으로 결속된 사회학적 집단이었다.[37]

---

37) N. Gottwald, *The Tribes of Yahew: A sociology of the Religion of Liberated Israel 1250 - 1050 B.C.E.*, (Orbis: 1979), pp.27 - 88.

따라서 이들은 고대 근동의 다른 국가집단과 달리 사회적 약자들의 권익보호에 남다른 관심을 갖게 되었다. 성서적으로 볼 때, 약자들과 소외된 자들의 보호는 처음부터 사회학적 혹은 오늘날처럼 사회윤리적 문제로 주제화되지 않고, 신학적 문제로 주제화되면서 야훼 하나님이 해방자요, 약자들의 보호자로 예배되게 되었다. 그들이 경험하고 고백하는 하나님은 인간을 해치고 종속적으로 만나는 대칭적 권력관계를 용납하지 않았었다. 이러한 특성으로 인해서 이스라엘 사회는 다른 국가에 비해서 다음과 같은 사회복지적인 법이나 제도들이 많이 나타났다고 할 수 있다.

① 종교의식과 일상생활의 일치

이스라엘 사회 안에서 사회복지개념은 예언자들의 활동에서 찾아볼 수 있다. 예언자들이 문제 삼고 있는 것은 일상생활에서 하나님의 뜻을 따르지 않는 사람들이 행하는 종교의식은 제아무리 성대하더라도 하나님께서 받으시는 것이 아님을 말한다. 즉 사람과 사람의 관계가 바르지 못하고서는 사람과 하나님과의 관계도 바를 수 없다는 것이다.[38] 곧 종교의식 비판과 사회비판은 서로 떼어 놓고서는 생각할 수 없는 것이다. 일상생활에 뒤따르는 예배야말로 참된 예배임을 예언자들은 주장하였는데, 예배를 예배되게 하는 생활을 그들은 '정의로운 삶'이라고 생각하였다. 즉 '정의'란 모든 사람에게 같은 몫을 안겨 주는 분배적 정의가 아니라 사회적 약자들의 약함을 채워 주고 강하게(Empowerment) 해 주는 정의라 할 수 있다. 이와 같은 내용이 반영된 성서문헌을 예로 들면, 이사야는

---

38) 이사야 1장 17절.

"학대받는 자를 도와주고, 고아를 위하여 신원하며, 과부를 위하여 변호"[39]하라는 것이고, 예레미야는 "이방인과 고아와 과부를 압제하지 말며, 무죄한 자의 피를 흘리지 말라."[40]고 하였다. 이는 한 사회에 하나님의 평화, 곧 '모든 면에서 이지러짐이 없는 상태'를 가리키는 '샬롬'이 이루어지려면, 그 무엇보다도 스스로는 자신을 지킬 힘이 없거나 약한 사람들을 돌보아야 함을 뜻한다고 할 수 있을 것이다.

② 성서에 나타난 공동체 의식

이스라엘인들로 하여금 사회적 공동체성을 가능케 한 요소에는 두 가지 특징이 있다고 할 수 있다. 첫째, 이스라엘 사람들은 자신을 개인으로 파악하지 않았고, 야훼 하나님 앞에서나 다른 사람들과의 관계에서도 개인으로 의식하지 않았었다. 개인은 전체의 한 구성원으로 여겨졌었다. 여기서 전체는 '큰 나' 또는 '공동체적인 인격'(corporate personality)으로서 늘 행동하는 주체였다. 이는 한 민족을 히브리어에서는 단수로 나타낸다는 사실에서도 알 수 있다.[41] 이처럼 '나는 곧 이스라엘이요, 이스라엘은 나'라는 의식이 이스라엘 사회를 유지시키고 지탱하여 주었던 구성원 간에 강력한 연대감을 낳게 하였다. 이러한 공동체의식 안에서 사회문제는 곧 개인문제요, 개인문제는 곧 사회문제로 느껴지기에 이스라엘 사회는 사회복지라는 의식이 없어도 실제적인 사회복지적 마인드를 지닐 수 있었고, 사회적 약자들을 위한 사회 안전망 역할을 하는 다

---

39) 이사야 1장 17절.
40) 예레미야 7장 6절.
41) 박동현, 전게서.

양한 제도를 형성할 수 있었다.

성서의 초기 증언에 의하면 이스라엘은 근동의 다른 도시국가들과는 달리 왕이 없이 하나님의 직접적인 통치를 받으면서 12지파 동맹의 연합형태(오늘날의 지방자치제)를 이루고 있었다. 이스라엘의 공동체성을 가능케 한 하나님은 인간을 해치는 종속적 권력관계를 용납하지 않았었다. 하나님은 약자들이 울부짖는 소리를 들으시고 고통당하는 것을 보시게 된다.

울리히 두크로[42]는 이에 대한 성서의 중심개념을 '공동체적 행동'으로서 정의, 갈등에서 약자를 구하는 것으로서 '심판하다', 정의로운 관계에서 평화로운 상태인 '샬롬'이라고 정의하였다.

해방하시는 하나님의 백성이 만들어 낸 최초의 모습은 유목으로 생계를 유지하고, 주변화되었던 집단들로서 소농으로 구성된 연대적 가족공동체였다. 이들의 보호자로 등장한 사람들은 카리스마틱한 지도자들(사사들)이었고, 그들은 야훼에 의해서 구원하고 재판하는 영을 부여받았었다. 이런 사회구조하에서는 국가도, 관료주의도, 빈부 차이도 필요 없었다. 이것이 성서가 증언하는 하나님의 왕국이 지닌 공동체성의 시초였다[43]고 할 수 있다.

둘째, 인간은 하나님의 형상(Imago Dei)을 따라 창조된 존재로써 인간은 하나님 앞에서 평등한 존재이며, 존엄성과 가치를 지녔다고 할 수 있다. 이스라엘은 공동체 내에 빈궁한 처지에 있는 사람, 일용직 근로자, 장애인, 나그네 등 모두가 거룩하신 하나님의 형상을

---

42) U. Duchrow, *Alternativen zer Kapitalistischen Weltwirschaft*, 손규태 역 『성서의 정치경제학 — 자본주의 세계경제의 대안』, (서울: 한울, 1995), pp.95 - 110.

43) 상게서. p.95 - 110.

닮은 인간이기에 야훼 하나님을 경외하는 마음으로 하나님의 의로우심과 사랑을 공동체 생활 속에서 실천해야 한다고 믿었다. 구약성서 안에는 부모를 공경해야 하는 것, 부단한 사랑의 행위에 대한 요구, 병자를 방문하는 것, 과부를 돌보는 것 등의 공동체 성원 간의 상호 돌봄에 관한 내용들이 담겨 있는 것이다.

그리고 이스라엘은 공동체성을 유지하기 위해서 대안적 경제생활에 대한 법들이 있었다. 레위기에는 처음으로 안식년으로 불린 7년에 관한 규정을 다루고 있다.[44] 근거는 하나님은 토지의 소유주라는 것이다. 또한 안식년의 일곱 번째 되는 희년[45]이 되면, 나팔을 부는 해로서, 빈부의 계급으로 갈라놓은 도시왕국을 무너뜨리고 평등이라는 원래의 상태로 되돌려 놓는다고 하였다. 각자는 다시금 가족을 위한 평등한 자유의 기초가 되는 토지로 되돌아간다는 것이다. 많은 재원을 축적했던 사람들은 포기해야 했었다. 사제들이 죄를 속죄양에게 전가하여 광야로 내보냄으로써 모든 잘못된 것을 '덮어 줄 때', 즉 '덮어 주는 날', 말하자면 '범민족 화해잔치'가 벌어졌다. 불평등의 발생은 분명히 죄로 해석되었다. 그리고 구조적으로 정착된 경제적 죄악을 인간의 숙명으로 방치하지 않았다. 그것은 하나님에 의해서 깨어졌다. 이러한 민족의 철저한 구조적 '전환'이 가능한 안식년과 희년제도가 토지의 공개념을 통해서 공동체의 기반을 유지하기 위해 법으로 제정되었다는 것은 이스라엘 사회의 사회복지제도의 뛰어난 점을 보여 준다고 볼 수 있다. 또한 이스라엘 사회는 형제가 어려운 처지에 있을 때 빌려 준 돈에

---

44) 레위기 25장 5 - 7절.
45). 레위기 25장 8 - 11절.

대해서 '이자'를 받는 것을 금지하므로 공동체의 균형이 무너지지 않도록 하였다.46)

가. 십일조와 안식일 제도의 사회복지적 성격

초기에는 주로 공동체적인 의미를 지녔던 제도들이 세월이 흐름에 따라 사회복지제도화된 경우들을 구약성서에서 찾아볼 수 있다. 그 예로 십일조 제도를 들 수 있다. 소득의 열의 하나를 하나님께 바치는 십일조 제도는 이스라엘 사회의 발전에 따라 여러 가지 뜻으로 이해되었다. 그 가운데 사회복지실현과 관련하여 주의를 끄는 것은 신명기에 자세히 나타나 있다. 3년마다 거둬들인 십일조47)로 생산수단인 땅을 가지고 있지 못한 자들, 즉 과부, 고아, 이방인, 레위인들을 위해 사용하도록 했었다. 그리고 7년 중 한 해는 부채를 걸머진 사람들을 위한 면제년의 해48)로 정해져 십일조가 쓰이도록 했었다. 성서는 사람들이 야훼 하나님께 드릴 때와 달리 3년마다 드리는 사회복지적 성격을 지닌 십일조 의무를 무성의하게 이행할 것을 염두에 두고 "그것은 야훼 하나님께 드리는 것과 다를 바가 없는 것이어서 흠이 있는 것은 안 된다."고 규정하고 있다.49) 십계명 가운데 하나인 안식일 계명조차도 사회적인 관점에서 그 뜻을 해석하고 있다. 곧 안식일을 거룩하게 지키는 내용으로 집안의 가족들과 종들, 나그네들, 심지어 짐승까지 쉬게 하였다.50) 흔히들 안식일 계명을 종교적인 면으로만 해석하지만 사실

---

46) 레위기 25장 29 – 34절.
47) 신명기 14장 28 – 29절; 신명기 26장 12 – 15절.
48) 신명기 15장 1 – 11절.
49) 신명기 26장.

은 신명기 5장에서뿐만 아니라 창세기 20장에서도 안식일이 일차적으로는 일하는 사람들의 쉼을, 그것도 사회적 약자들인 종들과 나그네들의 건강한 삶을 보호하고 유지하기 위한 휴식까지를 고려하고 있다는 점을 기억해야 할 것이다.

나. 토지제도와 희년의 사회복지적 성격

이스라엘에게 삶의 근거지인 토지는 하나님의 특별한 선물이라는 것을 잊어서는 안 될 것이다.[51] 땅에서 나오는 소산물을 이웃과 함께 나누어야 할 것이다. 자기 소유라고 해서 토지를 마음대로 처분해서는 안 되며, 자신이 수고하여 얻은 소산물일지라도 그 일부는 하나님의 몫으로 드려야 한다. 이것은 가난한 사람들과 나그네의 몫이라 할 수 있다. 공동의 재산인 토지는 특별히 관리해야 하며, 일시적으로 개인의 소유가 될 수 있으나 영원히 몇몇 사람의 손에 두어서는 안 되었다. 고대 이스라엘 사람들은 자기 소유의 땅을 돈이 없거나 이주할 때 일시적으로 팔 수는 있었다. 그러나 영원히 팔지는 못하였다. 팔더라도 자기 부족 안에 있는 사람들에게 팔아 공동체의 재산을 보존해야 했다. 땅을 영원히 소유하거나 팔지 못하는 것은 모든 인간은 일시적인 나그네이기 때문이다.[52] 이것은 시민 재산권의 엄청난 제약을 말하고 있는 것이다. 그리고 이미 팔린 토지라도 매매자가 원한다면 상환이 가능해야 했다.[53] 이를 게올라(Ge'ulah)제도라고 하며 게올라란 말은 가알

---

50) 신명기 5장 12 - 15절.
51) 장일선, "이스라엘과 땅", 『신학사상』, 36호, (1993). p.166.
52) 레위기 25장 23절.
53) 레위기 25장 24절.

(ga'al)이란 어근에서 온 것으로 '어떤 사람에 대해 친척으로서 의무를 다하는 것'을 의미한다. 게올(Ge'al)은 속량자, 즉 '구속자'를 의미한다. '형제가 매우 어려운 처지'에 있을 경우 게올라가 참여하여 가족의 연대성을 보여 주어야 하는데, 이것은 개별 가족에 대해서뿐만 아니라 전체 이스라엘, 즉 그들의 전체 사회적 구조를 대상으로 하였다. 즉 성서는 사유재산을 인정하면서도 토지를 공동으로 소유하고 그 소산을 함께 나눈다는(公概念) 이상적인 공동체를 그리고 있었다고 하겠다. 토지와 관련된 법규정 가운데 희년에는 땅도 쉬어야 하지만, 경작하지 않은 땅에서 자연적으로 난 곡식을 추수해서는 안 되게 되었다. 그것들은 종들과 나그네들 그리고 들짐승들의 몫이었다. 이는 토지에 대해서 소유권을 주장하지 말라는 뜻이다. 안식년을 일곱 해 보낸 다음 해, 즉 50년째 되는 해는 희년이 된다. 희년이 되면 온 나라에 자유를 선포하고 억눌린 사람들과 노예가 된 사람들은 가족의 품으로 돌아가고,[54] 부자에게 집중된 토지는 다시 원주인에게로 돌려주어야 했다.

이스라엘 사람들의 안식년과 희년사상은 그들이 얼마나 공동체를 중요시하며, 복지사회를 희구했는가를 보여 주는 제도라 할 수 있다. 성서의 안식년과 희년제도는 기독교사회복지를 위한 현실적 대안이 될 수 있을 것이다. 자신의 과오나 사회구조적인 모순으로 인해 일시적으로 빈곤상태에 처할 수는 있으나, 빈곤으로 말미암아 영원한 고통 속에서 살아가게 할 수는 없기 때문이다.

---

54) 레위기 25장 8 - 11절.

다. 인권존중사상과 사회복지적 성격

신명기 법전에 나타난 인권존중사상은 사회정의를 실천하고자 하는 의지가 담겨 있다고 할 수 있다. 그 예로 각 성에 재판관을 두어 공의로 백성을 다스리게 하며, 재판관은 잘못 판단해서는 안 되며, 뇌물을 받아서는 안 된다는 것이다.[55] 다음으로 과실로 살인한 사람을 보호하기 위해서 '도피성제도'를 두고 있었다.[56] 고대 근동의 법은 보복법인데, 살인동기가 고의나 과실 여부를 떠나서 살인한 사람은 피해자의 형제나 친족에 의해 보복을 당할 수밖에 없었을 것이다. 그러나 신명기법에서는 구체적인 사례까지 명시하면서 과실로 사람을 죽인 사람의 처지를 이해하고, 사회가 그를 보호해 줄 것을 요구하였다.[57] 예를 들면 "어떤 사람이 이웃과 함께 산에서 벌목하는 도중에 손에 든 도끼머리가 자루에서 빠져 이웃을 맞춰 죽게 한 경우"라고 할 수 있다. 이처럼 과실로 사람을 죽인 자는 정해진 도피성으로 몸을 피하여 생명을 보존할 수 있었다. 그곳에는 제사장이 있어 도피자의 과실을 판단하여 고의성이 드러나지 않으면 보호해 주었다. 민수기 35장과 여호수아 20장에서도 도피성 규정이 있는 것을 볼 때, 도피성 제도는 무고한 생명의 피를 흘리지 않으려는 이스라엘 사회의 배려라고 볼 수 있다. 즉 우리나라에서도 삼한시대에 마한을 중심으로 소도제도가 있었다. 소도에는 천군이라는 제사장이 있어 억울한 죄인이나 과실치사자들을 보호했고 자체 방위능력까지 갖추고 있었다.

---

55) 신명기 16장 18 - 20절.
56) 신명기 4장 41 - 43절: 19장 1 - 13절.
57) 신명기 19장.

또한 오늘날과는 달리 고대사회는 힘의 논리가 지배했기 때문에 노예제도를 당연시하였다. 현대인의 시각에서 본다면 노예제도는 분명히 인간의 존엄성을 유린하는 지배자들의 횡포임이 분명하였다. 이스라엘 사회는 비록 노예제도를 인정하기는 했으나 채무를 변제하지 못했을 경우에 한하여 한시적으로 노예상태를 인정하고 있었다. 율법은 동족인 히브리인을 종으로 부릴 경우 안식년이 되면 그를 자유인으로 해방시킬 것을 규정하고 있다. 종이 되어 칠년째가 되면, 안식년이므로 그를 해방시키되 빈손으로 보내지 말고 먹을 것과 거처를 마련하여 돌려보내야 한다는 것이다.[58] 이때 종살이를 하면서 얻은 아내도 함께 해방되었어야 한다. 만약 자유인이 될 수 있는 종이 상전과 함께 살기를 고집하면 그를 영원히 종으로 만드는 절차를 거쳐야 한다는 것이다.[59] 이스라엘 사람들은 그들 모두가 한때 이집트의 노예였기 때문에 같은 동족을 노예상태로 영원히 두지 말 것을 요구했던 것이다.[60] 비록 한시적으로 사람을 종으로 부렸을지라도 그 인권마저 무시하거나 생존의 권리를 박탈할 수 없었다.[61]

첫째, 나그네에 대한 우대를 들 수 있을 것이다.

이스라엘 사람들은 애굽에서 종살이와 유다가 망한 뒤 바벨론에 사로잡혀가 바벨론 사람들을 섬겼던 기억을 상기하면서 이스라엘 영토 안에 들어와 살고 있는 이방인을 어떻게 대해야 하는가를 구약성서는 말하고 있다. 즉 천재지변이나 정치, 경제, 문화적인 박

---

58) 신명기 15장 7 – 14절.
59) 출애굽기 21장 1 – 11절.
60) 출애굽기 21장 10 – 14절.
61) 신명기 15장 12 – 15절; 출애굽기 21장 1 – 11절.

해 같은 인위적으로 빚어진 불행 때문에 고향을 떠나 법적인 보호를 받지 못하고 유랑하는 사람들을 따뜻하게 맞아 주고 이스라엘 사람들 가운데 살게 해 준 사실이 구약성서 곳곳에 나타난다. 나그네들이 이스라엘 사회에 정착하면, 그들을 가리켜 히브리말로 '겔'이라고 불렀다. 개역성경에는 이러한 사람들을 가리키는 히브리 표현들을 '너희와 함께 있는 타국인',[62] '너희 중에 우거하는 객'[63]이라는 식으로 옮기고 있다. 이스라엘 사람들이 이들을 잘 돌보아야 하는 까닭은 구약성서는 지난날 이스라엘 조상들이 바로 이 같은 나그네였기 때문이라고 밝히고 있기 때문이다.[64]

롤랑 드보[65]는 이스라엘 사회는 이러한 나그네들을 받아들인 다음 제한된 범위 안에서이지만 상당한 권리를 인정해 주었다는 것이다. 그러나 이들은 농토를 소유할 수 없었고, 가난했기 때문에 이스라엘 사회가 고아와 과부들에게 하듯이 도와주었던 것이다.

둘째, 이스라엘 내의 약자의 보호를 들 수 있을 것이다.

자국민 가운데 약자층으로는 고아와 과부, 잘못이 없이 억울하게 억눌리며 무시당하는 사람들이라 할 수 있다. 이들을 도와주는 것이 곧 하나님을 섬기는 일이라는 것인데, 예언자들은 그런 사람들을 돕는 방법까지 구체적으로 제시되어 있다. 즉 어버이가 없다고 해서 어린이의 권리를 짓밟을 때 억울함을 풀어 주고, 남편이 없다고 해서 홀어머니의 권리를 빼앗으려는 일이 있을 때 재판을

---

62) 레위기 19장 34절.
63) 레위기 16장 29절.
64) 창세기 23장 4절; 출애굽기 2장 22절; 18장 3절; 레위기19장 34절; 신명기 10장 19절; 레위기 25장 23절.
65) De Vaux, R. 『구약시대 생활풍속』, 이양구 역, (서울: 대한기독교서회, 1983), pp.21 – 38.

통해서라도 그 권리를 다시 찾아 주거나 잃지 않도록 하였다. 뿐만 아니라 죄 없이 목숨을 잃는 일이 일어나지 않도록 한 것이다. 그런 법이 출애굽기 20장 22 - 24절과 레위기 19장 9 - 10절에 모아져 있는데, 이를 '계약의 책'이라고 부르게 되었다. 이 법전의 근본 흐름은 사회적 약자의 권리를 보장하는 데 있었다. 특히 출애굽기 20장 22 - 23절은 사회적 약자들의 권리를 지켜 주는 분으로 야훼를 소개하고 있다. 이러한 정신을 바탕으로 레위기에 나타난 사회복지 정신을 살펴보면, 가진 자와 그렇지 못한 사람이 더불어 살 것을 당부하고 있다. 가난한 동족들을 위해서 추수할 때 곡식을 밭모퉁이까지 다 거두지 말고 땅에 떨어진 이삭을 주워서는 안 된다. 포도원 열매를 모두 따서는 안 되며, 땅에 떨어진 열매를 줍지 말고 가난한 사람과 외국인을 위해 남겨 두어야 한다는 것이다.[66]

이러한 사회적 약자들을 위한 법이나 가르침의 내용을 정리하면, 종에게는 될 수 있는 대로 자유를 주되, 그 자신과 가족의 생계를 보장해 주고 그 결혼문제에 있어서도 인간적인 대접을 하였다.[67] 그리고 나그네나 고아, 과부들을 억울하게 짓누르거나 해치지 말고,[68] 그들이 법정에 서게 되었을 때는 변호해 주고,[69] 가난한 사람들을 고리채나 전당제도로 괴롭히지 말라[70]고 하였다. 예를 들면 "무릇 네 이웃에게 꾸어 줄 때에 네가 그 집에 들어가서 전집물을 취하지 말고 너는 밖에 섰고 네게 꾸는 자가 전집물을 가지

---

66) 레위기 19장 9 - 10절.
67) 출애굽기 12장 2 - 11절.
68) 출애굽기 22장 20 - 24절.
69) 사사기 1장 17절.
70) 사사기 22장 25 - 27절.

고 나와서 네게 줄 것이다. 그가 가난한 자여든 너는 그의 전집물을 가지고 자지 말고 해 질 때에 전집물을 반드시 그에게 돌릴 것이다. 그리하여 그가 그 옷을 입고 자며 너를 위하여 축복하리니 그 일이 네 하나님의 여호와 앞에서 네 의로움이 될 것이다. 곤궁하고 빈한한 품꾼은 너의 형제든지 네 땅 성문 안에 우거하는 객이든지 그를 학대하지 말며 그 품삯을 당일에 주고 해 진 후까지 끌지 말라 하였다. 이는 그가 빈궁하므로 마음에 품삯을 사모함이라 두렵건대 그가 너를 여호와께 호소하면 죄가 네게로 돌아갈까 하노라 하였다. 너는 객이나 고아의 송사를 억울하게 말며 과부의 옷을 전집하지 말라. 너는 애굽에서 종이 되었던 일과 네 하나님 여호와께서 너를 거기서 속량하신 것을 기억하라 하셨다. 이러므로 내가 네게 이 일을 행하라 명하노라."[71] 일용직 근로자의 품삯은 날이 저물기 전에 줘야 한다 하셨다.[72] 이는 법률적, 경제적, 문화적으로 곧 인간생활의 모든 면에 있어서 힘없거나 약한 사람을 잘 받들 것을 의미한다고 하겠다.[73] 약자 보호와 관련된 법조문들의 내용을 정리하면 다음과 같다.

ㄱ. 사회 및 정치 생활에 관련된 민중보호법

안식일(출애굽기 23:12; 31:12 - 17; 34:21; 35:2 - 3; 레위기 23:3),

종의 해방(출애굽기 21:2 - 6; 레위기 25:39 - 43, 47 - 55; 신명기

---

71) 신명기 24장 12 - 17절.

72) 신명기 23장 14 - 15절; 레위기 19장 34절.

73) 박동현, "구약성서에서의 사회봉사", 대한예수교장로회 총회 사회부 편, 『교회사회봉사총람』, (서울: 대한예수교장로회 총회사회부, 1994), pp.112 - 122.

15:12 – 18).

여종에 대한 처우(출애굽기 21:7 – 11), 종에 대한 폭행(출애굽기 21:20 – 21, 26 – 27),

도망쳐 나온 종의 처리(신명기 23:15 – 16),

민중에 대한 억압 학대 금지(출애굽기 22:21 – 24; 23:9; 레위기 19:13, 33 – 34; 신명기 24:14),

장애인 보호(레위기 19:14), 어린이 보호(레위기 18:21; 20:2 – 5), 납치 금지(출애굽기 21:16),

여성의 순결 보호(출애굽기 22:16 – 17; 레위기 19:20 – 22; 신명기 22:25 – 29),

남편이 아내에게 처녀가 아니었다고 누명을 씌우는 경우(신명기 22:13 – 19),

아내의 간통 여부를 밝히는 절차(민수기 5:11 – 31), 여자 포로와의 결혼(신명기 21:10 – 14),

부모와 노인 공경에 관한 법(출애굽기 21:15, 17; 레위기 19:3, 32; 20:9; 신명기 21:18 – 21)

공정한 판결(출애굽기 23:3, 6 – 8; 레위기 19:15, 35; 신명기 16:18 – 20; 17:4; 19:21; 24:17; 25:1).

ㄴ. 경제생활에 관련된 민중보호법

가난한 자를 도우라(신명기 15: 7 – 11), 추수할 때 남겨두라(레위기 19: 9 – 10; 23: 22; 신명기 24: 19 – 22).

타인의 포도밭이나 곡식밭에 들어갈 경우(신명기 23:24 – 25),

품꾼의 임금 체불 금지법(레위기 19:13; 24:15), 무이자 대부(출애굽기 22:25; 레위기 25:35 – 38; 신명기 23:19 – 20), 전당(출애굽기 22:26 – 27; 신명기 24:6, 10 – 13, 17), 빚의 탕감에 관한 법(신명기 15:1 – 6),

휴경법(출애굽기 3:10 – 11; 레위기 25:2 – 7, 11 – 12, 20 – 22), 토지 독과점 방지법(신명기 19:14),

토지의 원상회복(레위기 25:23 – 28),

ㄷ. 약자보호법의 목적

약자는 정치적 측면에서는 권력을 지니지 못한 자이고, 경제적 측면에서는 가난한 자, 사회적 측면에서는 소외당하는 자들을 말한다. 또 신체적 측면에서 보면 신체에 장애를 지닌 자들이라 할 수 있다. 사회적 약자들이 일반인들과 서로를 존중하며 평화롭게 더불어 사는 사회의 실현, 이것이 약자보호법에서 추구하는 일차적인 목적이라고 할 수 있다. 약자들과 함께 참된 평화의 삶을 살 수 있는 여러 가지 방안들을 요약하면 다음과 같다. 첫째, 약자들을 억압, 학대하지 말고, 그의 기본권을 존중해야 한다. 둘째, 약자들의 자유를 압제하지 말고, 그가 자유로운 삶을 살 수 있도록 해야 한다. 셋째, 약자들에게 불의, 불법은 행하지 말고, 정의와 공의가 강물처럼 흐르는 사회를 이루도록 해야 한다. 넷째, 약자들을 착취하지 말고, 그가 경제적으로 자립할 수 있도록 적극 도와주어야 한다.

이러한 조건들이 갖추어진 사회는 하나님의 형상대로 지음받은 인간이 인간다운 대접을 받는 자유, 정의, 평등, 평화, 사랑의 사회이며, 법전이 추구하는 이상적인 사회라 할 수 있다.

약자보호법의 궁극적인 지향점은 이 땅에서 가난하고 힘없는 보호대상이 근본적으로 사라지고, 그들을 보호하기 위한 법이 필요없어지는 상황에 도달하는 것을 말한다. 이러한 맥락에서 약자보호법에서 청중들에게 요구하는 것을 단순히 약자들이 수혜자, 즉 피보호자의 상태를 벗어나도록 도와주라는 것이 아니라, 그들이 피보호자의 상태를 극복하고, 과거의 자신과 같은 처지에 있는 힘없고 가난한 다른 사람을 도와 그 역시 피보호자의 상태를 벗어날 수 있도록 하는 일에 선두주자로 나서서 주동적인 역할을 감당하도록 하는 것이다.

③ 사회생활 개선을 위한 사회복지

이상에서 사회적으로 문제가 되는 사람들을 섬기기 위해 이스라엘 사회가 어떻게 구체적으로 애써 왔는가에 대해 살펴보았다. 그러나 포괄적으로 이스라엘의 사회복지 정신을 한 디로 요약할 수 있는 표현을 예언자들이 기록한 문헌들 가운데서 찾아볼 수 있다. 그것은 "억압을 버리고 악행을 그치고 선행을 배우는 것",[74] "악을 미워하며 선을 사랑하는 것"[75]이다. 구약성서에서 말하는 '선과 악'은 윤리적으로 '착하고 나쁜 것'을 가리키는 개념이 아니라 사람의 삶에 '좋은 것과 나쁜 것'을 뜻하였다. 곧 개인적으로나 공동체적으로 사람의 삶을 넉넉하게, 기름지게, 낫게 하는 것은 '선'이고, 사람의 삶을 옹색하게, 나쁘게, 못되게 하는 것은 '악'이라는 점에서 이스라엘의 사회복지를 이해할 수 있을 것이다.

---

74) 사사기 1장 16절.
75) 아모스 5장 15절.

(2) 신약에 나타난 교회사회복지 의미

① 예수의 선포에 나타난 사회복지

예수의 복음은 당시의 사회적 환경에서 정의와 복지 혜택을 받지 못하는 계층을 향한 돌봄의 메시지였다. 예수는 기득권자들의 왜곡된 통치 질서와 사회구조의 불균형, 사회가치의 비도덕적 편견을 지적하고 비판함으로써 인간대접을 받지 못하는 사람들의 전인적인 회복을 요구하는 하나님나라의 메시지를 선포하였다.[76]즉 가난한 사람들, 병약자들, 여성과 아이들, 이방인에 대한 예수의 관심은 하나님의 창조질서 회복 차원에서 근원적인 자유의 선언이었으며, 동시에 사회적 가치의 균형과 공동체 실현에 초점이 맞춰져 있다고 할 것이다. 누가복음 4장에 나타난 예수의 선포는 사회복지의 시작이 가난한 자들에 대한 관심에서 시작되는 것을 중시하고 있다고 하겠다. 가난한 사람들을 보호해 주는 과정의 시작은 구조질서의 재편성이라는 사회복지사상에 근거한다고 할 수 있다. 예수의 복음은 이런 면에서는 정신적인 위로나 영적인 신비체험의 현상에만 국한하는 것이 아니라 구체적인 사회구조에 깊이 있게 참여하는 사회복음적인 성격이 강하게 나타난다. 복음이 사회구조의 변화와 회복을 향한 메시지였지만 그것은 사회복지의 초점과 획을 같이하는 성격의 운동이라고 볼 수 있다.

예수의 복음 선포는 또한 사랑의 실천이라는 인격적인 응답을 요구하게 된다. 복음서의 도전은 사랑의 무제약적인 모델로서 예수 그리스도를 소개하며, 예수의 부름이 당시의 시대가 무관심했던 계

---

76) 누가복음 4장 18 – 19절.

층들을 향한 사랑으로 소개되었다. 초기 예수공동체는 복음을 다양한 사회적인 문제와 구조 속에 적용시키고 그 복음을 통하여 새로운 질서를 창출하고자 하였을 것이다.

예수는 사랑의 종교를 가르치고 실천함으로써 수평적인 열린 문화 위에 그리스도교 운동을 시작했다고 볼 수 있다. 예수의 가르침은 인간의 자유와 평등, 창조적인 질서 속에서 부여된 기득권을 천부적인 것으로 인정하고 사회의 계급구조와 빈부차별, 성차별, 지방색 등을 허물고 사람과 사람이 사랑으로 맺어지고, 하나님과 사람들의 관계가 사랑과 구속의 재창조 질서로 바뀌는 열린 종교를 선언하고 있는 것이다. 복음서에는 기존하는 차별구조에 도전하고, 예배 속에서의 평등, 하나님 자녀로서의 존엄성, 사랑으로 율법의 정신을 실현하려는 사회복지 정신이 깔려 있는 것이다.

다음으로 예수의 선언은 재산축적으로 인한 불평등을 반대하는 것으로 이것은 사회복지 실현의 중요한 전제조건이라 할 수 있을 것이다. 부의 축적은 사회질서를 파괴하는 본질에 속하는 것으로 삶의 균형과 사회의 조화를 깨는 악을 창출 하게 된다. 예수의 사회복지사상은 이런 부분에서 재산의 공동분배나 사회계층의 욕구에 따른 이익분배의 입장에서 간접적으로 읽을 수 있다. "어떤 탐욕에도 빠져들지 않도록 근신하여라. 사람이 아무리 부유하더라고 그의 재산이 생명을 보장해 주지는 못한다."[77]고 한다. 누가가 기술한 '부자의 비유'[78]를 통해서 예수의 복지사상을 엿볼 수 있을 것이다. 이 비유는 재산의 축적이나 잉여물의 비축을 그릇된 삶의

---

77) 누가복음 12장 15절.
78) 누가복음 12장 15 - 21절.

가치로 비판하였다. 지주를 향한 예수의 비판 속에는 사회복지의 중요한 동기가 숨어 있다고 하겠다. 지주가 재산을 모은 것이 부정한 것이라는 증거는 찾아볼 수 없다. 다만 잉여곡식을 저장한 것이 '하나님에게 인색한' 것으로 비유되었다. 이는 개인의 욕구충족을 위해서 부가 주어진 것이 아니며, 자원하여 주어진 모든 자원들을 공동으로 나누고, 공동의 균형 잡힌 복지가 예수의 입장이라는 점을 엿볼 수 있다. 현실적으로 가난하고 굶주리는 사람들이 있는 한 부의 축재는 부정적인 시각이 있다는 점에서 예수의 사역은 모두가 함께 누리고 사는 새로운 질서를 요청하고 있는 것이다. 예수의 복지사상은 가난한 사람들의 해방에 있고, 가난한 사람들과 연대함으로 새로운 질서를 태동시켜 가자는 것이라 할 수 있을 것이다.

② 예수의 사랑과 디아코니아

신약성서에 총 34회나 쓰인 '디아코니아'(diakonia)란 '사랑'의 구체적 실천행위로서의 섬김과 봉사를 의미한다. 디아코니아가 신약성서의 핵심주제로 이해될 수 있는 것은 이 개념이 신약성서의 중심 주제인 아가페와 직결되기 때문이다. 신약성서가 말하는 사랑은 하나님사랑과 이웃사랑으로 집약되며, 이 사랑은 구체적 행동으로 섬김의 삶속에서 나타나는 사랑으로 신약성서가 말하는 믿음 또한 입술만의 고백이 아닌 구체적인 행동으로 이어지는 '사랑으로써 역사하는 믿음'을 의미하게 된다.[79]

사랑의 진실성은 섬김의 행동으로 증명되며,[80] 산 믿음과 죽은

---

79) 갈라디아서 5장 6절.

믿음의 구분도 사랑의 실천 여부에서 결정된다고 하겠다,[81] 신약성서에 나타나는 하나님은 자신의 하나밖에 없는 독생자를 세상을 향해 '섬김의 종'으로 파송하시는 하나님이다. 이 하나님의 파송은 하나님의 인간사랑의 구체적 표현이다.[82] 이 사랑은 자기 헌신적 사랑이요, 디아코니아적 사랑이라고 할 수 있다.

신약성서는 '교회'를 '섬김의 주님' 되신 예수 그리스도의 몸이라 할 수 있다.[83] 이것은 교회가 주님의 몸으로서 주님이 걸어가신 '섬김의 길'을 걸어가야 함을 시사해 주고 있다. 이와 같이 '디아코니아'정신은 신약성서의 중심적인 주제라고 할 수 있다.

가. 예수의 디아코니아 의식

예수는 자신의 공생애의 목적을 "인자의 온 것은 섬김을 받으려 함이 아니라 도리어 섬기려 하고 자기 목숨을 많은 사람의 대속물로 주려 함이니라."[84]고 밝히고 있다. 예수는 공생애 목적이 첫째는 섬김의 구체적 실천에 있고 둘째는 자신의 목숨을 '모든 사람'의 대속물로 내어 주기 위함이라고 밝히고 있다.

예수는 한 율법사와의 대화를 통하여 '이웃사랑'의 의미[85]가 무엇인가를 밝히고 있다. 예수는 사랑해야 할 '이웃'이 누구인가에 대한 비유로 '선한 사마리아인의 비유'를 들었다. 여기에서 '강도 만난 사람'은 '지극히 작은 자'[86]와 같은 의미로 등장하게 된다.

---

80) 마태복음 25장 31 – 46절.
81) 야고보서 2장 17절.
82) 요한복음 3장 16절.
83) 고린도전서 12장 12절.
84) 마가복음 10장 45절.
85) 누가복음 10장 25 – 37절.

'강도 만난 사람'의 고통당하는 상황을 목격한 유대종교인들이 모두 피해자이지만 그들로부터 죄인 취급당하는 사마리아인이 선행을 베풀게 된다. 이야기의 결말에서 예수는 "가서 너도 이와 같이 하라." 강도 만난 이웃의 고통을 보고도 사랑을 실천하지 않은 제사장과 레위인의 위치는 예수의 의식체계 속에서 유대인이 죄인시하는 사마리아인보다 못한 것이다. 예수의 평가는 마태복음 25장의 최후 심판의 비유에서처럼 그들의 구체적인 사랑의 행위 여부에 맞추어져 있는 것이다. 사마리아인의 행동은 마치 자신의 친가족을 향한 것과 같은 애정 어린 사랑과 섬김의 행동이라 할 수 있다. 여기에서 예수는 율법사와 그의 청중들을 진정한 이웃사랑과 이웃섬김의 실천으로 초대하고 있는 것이다. "가서 너도 이와 같이 행하라." 예수는 여기에서 디아코니아적 삶의 본을 제시하고 있을 뿐만이 아니라 그 기본 방향과 구체적인 방법까지 제시하고 있다고 할 수 있다.

나. 예수의 급식이적에 나타난 사랑과 나눔정신[87]

예수의 주변에는 항상 굶주리고, 병든 무리들이 많이 있었다. 예수의 공생애 활동은 그 무리들을 가르치고, 섬기는 것이었다. 그 무리들 속에는 병든 자, 가난한 자, 세리, 죄인, 창기, 이방인 등 '땅의 백성'(암하레츠)들이 많이 포함되어 있었다.

당시 교권을 장악한 유대인들의 눈에 예수의 활동이 충격적으로 비친 것은 예수께서 멸시, 천대받았던 죄인그룹, 즉 세리, 병자, 창

---

86) 마태복음 25장 40절.
87) 마가복음 6장 34 – 44절.

기, 이방인들과 자주 어울려 한 식탁에서 식사한다는 점이었다. 구약과 유대교 전통에서 볼 때 어떤 사람들이 한 식탁에서 함께 식사한다는 것은 특별한 신학적 의미를 지니고 있었다. 즉 예수께서 세리를 비롯하여 천대받았던 죄인그룹과 함께 어울려 친교하며 식사한다는 것은 그가 그들을 인정하고 받아들인다는 의미인 동시에 그들의 죄를 용서한다는 충격적인 의미까지 내포되어 있다. 그러나 예수는 자신의 공생애의 목적인 "내가 의인을 부르러 온 것이 아니요 죄인을 부르러 왔노라."[88]고 밝히고 있다.

죄인을 부르러 왔다는 예수의 말씀은 당시 죄인 취급받던 소외 계층에 대한 애정과 관심을 전제로 하고 있다고 할 수 있다. 굶주린 수많은 무리들을 빵과 물고기로 먹이고 배부르게 하신 예수의 급식이적은 민중들에 대한 사랑이 넘치는 디아코니아적 행위라 할 수 있다.

다. 하나님의 행위심판과 디아코니아

신약성서에는 두 종류의 심판이 등장하게 된다. 그중에 하나가 행위에 따른 최후심판이라 할 수 있다.[89] 이 본문에서 최후심판 기준이 '사랑과 섬김의 실천', 즉 '디아코니아적 삶' 여부에 달려 있다는 것이다. 예수는 놀랍게도 이 땅의 지극히 작은 자, 즉 주리고, 목마르고, 나그네 되고, 헐벗고, 병들고, 옥에 갇힌 자와 자신을 동일시하며, 이 지극히 작은 자 하나에게 행한 것과 행하지 않은 것에 의해 영생과 영벌이 결정됨을 선포하셨다. 여기에서는 민

---

88) 마가복음 2장 17절.
89) 마태복음 25장 31 - 46절.

음을 통한 신자와 불신자의 구분은 전혀 등장하지 않게 되었다.

③ 초기 기독교의 사회복지

고대 말기인 초기 기독교 시대에는 사회복지(봉사)를 제도화하려는 의미 있는 직제가 교회 내에 탄생되었다. 장로와 감독, 집사의 직분이 제도화되었는데 집사의 직분은 사회복지와 밀접한 관계가 있게 된다. 집사(diakonos)는 종, 수종자 혹은 봉사자의 의미를 가지는데 가난한 자들을 위한 기부금이나 재산 등을 관리하는 사람들이었다. 더 나아가 높은 인격을 갖춘 그리스도인들[90]로 구성된 한정된 계층을 일컫는 말로도 사용하게 되었다. 이는 공동체의 재산을 관리하기 위하여 일곱 명의 헬라파 사람들을 집사로 세워서 교회사회복지를 전담했음을 말해 주고 있는 것이다. 집사는 병자, 궁핍한자, 특히 과부, 고아들을 찾아 방문하고, 그들이 필요로 하는 교회의 구제품을 전달하였다. 오늘날 재가복지와 같은 활동이라고 할 수 있다. 사도시대에 복지 대상자를 무차별적으로 구제한 것이 아니라 도움을 받아야 마땅한 자(the deserving poor)를 일정한 기준에 따라 선별하여 도움을 주는 시도가 있었다.[91] 예를 들면 '과부로서의 수혜자격'으로는 "누구든지 자기 친족 특히 자기 가족을 돌보지 아니하면 믿음을 배반한 자요 불신자보다 더 악한 자니라." 하였다. 과부로 명부에 올릴 자는 나이 육십이 덜 되지 아니하고 한 남편의 아내이었던 자로서 선한 행실의 증거가 있어 혹은 자녀를 양육하며 혹은 나그네를 대접하였다. 성도들의 발을

---

90) 디모데전서 3장 8-13절.
91) 디모데전서 5장 9-10절.

씻기며 혹은 환난 당한 자들을 구제하며 혹은 모든 선한 일을 좇은 자라야 할 것이요." 하였다.[92]

한국교회는 지난 100여 년 동안 눈부시게 성장을 하였다. 그 과정에서 교회는 성서적 가치관을 도외시하고 인간의 구복적 욕구에 편승해서 성서의 정신을 왜곡, 샤머니즘화의 길을 달려 왔다고 볼 수 있다. 그리고 실천적 삶이 배제된 개인구원과 축복 논리에 이끌려 오면서 값싼 신앙으로 변질되었다고 할 수 있다.

한국교회는 다시 성서의 근본정신으로 돌아가야 할 것이다. 구약의 야훼하나님은 해방자요, 보호하시는 분으로서 사회적 약자들의 편에 서서 정의를 행하시는 분이요, 신약의 예수 그리스도는 야훼종교를 지배 이데올로기로 변질시켜 자신들의 이익만을 추구하며 민중들을 억압하는 현실을 비판하면서 하나님의 자비와 정의 실현을 촉구하였다. 또한 섬김과 나눔에 근거한 삶의 모델을 통하여 새로운 사회질서를 재창조하는 평등한 복지사회로 구성해 가려는 이상을 지니고 있었다. 진정한 평화와 샬롬을 통한 새로운 계약사회를 이루어 가는 것이 예수 공동체의 사회전략이었다고 할 수 있다. 그 예로 예수는 민중들을 식탁공동체로 초대하여 함께 먹고 마시며 공존하는 복지사회의 원형을 보여 주었던 것이다. 예수는 전 생애 동안에 사회적 약자인 죄인들, 세리들, 창녀들, 병자들, 종교법에 의해 주류사회에서 밀려난 사람들을 가까이하시며 함께 식사를 했었다. 예수가 이해한 이상적 사회인 하나님나라는 소외된 사람들을 받아들이고 새로운 질서를 창조하는 나라이지만, 선악의 이원론적인 차별에 대한 징벌이나 상이 아니라 보다 광대한

---

92) 디모데전서 5장 8-10절.

정의의 실현에 의도가 있었다. "하나님께서는 악한 사람에게나 선한 사람에게나 똑같이 해를 떠오르게 하시고, 의로운 사람에게나 불의한 사람에게나 똑같이 비를 내려주셨던 것이다." 이것은 하나님나라는 인간복지가 원만하게 실현된 나라로서 하나님의 사랑과 공평이 모든 사람들에게 베풀어지는 샬롬사회라고 볼 수 있다. 디아코니아적인 사회복지적 가치와 삶의 실현은 한국교회를 향한 이 시대의 요청이라 할 수 있다. 오늘날 많은 사람들이 한국교회의 비디아코니아적인 것과 사회문제에 대한 무책임성을 지적하고 사랑과 섬김을 실천한 예수 그리스도는 몸 된 교회를 향하여 그리스도의 사랑과 섬김의 실천이 요구된다.

2) 신학적 근거

교회사회복지는 "기독교적 이념을 통하여 사회복지를 이루는 것"[93]으로 정의할 수 있다. 기독교적 이념이란 매우 광의적인 개념이지만, 협의적인 측면에서 신학적인 근거에 의한 신앙적 가르침을 뜻하게 된다. 교회사회복지를 이루기 위해서는 신학적 근거나 당위성이 명확히 제공되어야 할 것이다. 이러한 신학의 선행적 이해가 없이는 그릇된 해석에 의해서 교회사회복지의 의미가 희석되거나 신앙의 실천적 요소가 왜곡될 수 있다. 따라서 사회복지가 교회에서나 사회에서 필요하고, 또 올바른 신앙의 실천을 위해서는 신학의 타당한 이해가 요구된다.

기독교 신학은 "기독교 공동체가 하나님 신앙에 대하여 탐구하

---

93) 박종삼, "교회사회사업의 개념", 한국교회사회사업학회 편 『교회사회사업편람』, (서울: 인간과 복지, 2003), p.32.

는 자유와 책임으로부터 비롯되었다."94)고 할 수 있다.

독일 신학자 판넨베르그(Pannenberg)95)도 "하나님은 모든 사람의 현재 삶의 조건이 되신다."고 하였다. 이처럼 하나님에 대한 이해는 우리의 신앙적 실천의 성격을 규정하게 된다.

현대 신학의 흐름은 사회의 새로운 관점과 통찰력을 통하여 신학의 새로운 가능성을 추구하여야 함에도 불구하고, 사회적 정황(Sit im Leben)을 배제한 연구가 주류를 이루었다. 그러다 보니 기독교신학이 사회복지와 같은 실천적 학문과는 분리된 추상적이고 사변적 학문으로 머물게 되었다. 최근에 시카고 대학의 트레이시(Tracy)96)가 신학의 수정이 불가피하다고 지적하였는데, 신학이 신학으로서 자리매김하기 위해서는 사회의 공적인 문제와 무관하여서는 안 되며, 사회의 다양한 관심에서 신학의 체계가 정립되어야 한다고 주장하였다. 트레이시의 견해에 따르면, 신학은 신앙적 사건을 만들어 내는 신학적 이해를 사회적 관심 속에서 재구성되어야 한다는 것이다. 만일 그것이 신앙 공동체의 자리 속에 있는 사회적 정황이나 관심에 의해서 비판이나 검증이 없다면, 그 같은 신학은 아무리 훌륭해도 유용한 신학이라 할 수 없을 것이다. 이런 측면에서 신학은 교회사회복지에 관한 이해에 보다 적극적으로 동참하여야 할 책무를 지닌다고 할 수 있다.

---

94) Daniel L. Migliore, 『기독교조직신학』, 장경철 옮김 (서울: 한국장로교출판사, 1998), p.38.

95) Wolfhart Pannenberg, *Basic Questions in Theology*, Vol. II, trans, George H, Kehm (Philadelphia: The Westminster Press, 1971), p.201.

96) David Tracy, *The Analogical Imagnation: Christian Theology and the Culture of Pluralism* (New York: Crossroad, 2000), p.421.

(1) 사랑의 하나님

교회사회복지는 기독교 신학에 근거된 하나님의 사랑의 원리에서 출발한다[97]고 할 것이다. 사랑이란 인격적 개념을 총체적으로 표현하는 용어로서 정적인 개념이 아니라 동적이고 관계적 사회개념이라 할 수 있다. 전통신학에서 하나님의 존재는 초월적 이미지로 이해되어 왔었다. 그 결과, 하나님은 인간의 삶과는 무관한 무감동의 하나님으로 전락되었다. 하지만 성경은 하나님이 그 본성에 있어서 사랑이시고 인격적임을 가르친다고 할 것이다. 흔히 우리가 오해하고 있듯이 '인격적'이라는 말이 신은 인간과 같은 속성을 또는 그것의 완전한 형태를 갖고 있다는 말로 이해하는 경향이 있다고 하겠다. 그렇지만 인간과 같은 속성을 완전한 형태를 갖고 있는 하나님은 이상화된 인간일 뿐 살아 있는 하나님은 아닐 수 있다.

하츠혼(Hartshorne)[98]은 하나님의 인격적 사랑에 대한 진정한 의미는 '사귐과 참여'의 관계적 원리라고 지적하였다. 하나님과 세상은 분리할 수 없는 사회적 개념이라 할 수 있다. 즉 세상과 하나님의 관계는 인격적 관계에서 출발하기 때문에 전통신학에서 가르치는 '완전하고 자기 충족적인 존재자'로 설명될 수 없게 된다. 그래서 하나님은 세상을 필요로 하고 세상은 그분을 필요로 함으로써 인격적 관계를 유지하고 우리와 사귐을 갖는 분으로 이해되어야 한다는 것이다.

무엇보다도 하나님의 사랑이 그의 인격적 본성에 기인하기 때문

---

97) 요일 4장 16절.

98) Charles Hartshorne, *Divine Relativity: A Social Conception of God* (New Haven: Yale University Press, 1948), pp.15 – 17; p.116.

에 신앙공동체로서의 교회는 사랑의 실천을 통해서 그분을 입증하도록 요구받고 있는 것이다. 비록 하나님의 사랑의 원리가 보편적이지만, 그것의 표현양식은 매우 다양하다고 하겠다. 그중에 기독교 사회복지도 일종의 하나님의 사랑의 표현양식이라 할 수 있다. 그 같은 사랑의 표현양식은 하나님의 인격적 사랑에서 나오며, 하나님은 그것(It)이 아니라 존재 그 자체(being Itself)이며 존재는 하나의 인격적 사랑을 표현하는 양태라고 할 수 있다. 기독교 신학에 뿌리 깊이 박혀 있는 개념에서 하나님은 세계를 향한 '당신'(Thou)이었다. 당신으로서의 하나님은 세상이라는 대상의 관계에서 더욱 그분의 의미를 드러내시게 된다. 유대교 신학자 부버(Buber)는 '나와 너'(I-Thou) 그리고 '나와 그것'(I-It)의 근본적인 상이한 관계를 지적함으로써 하나님의 인격적 존재를 설명하였다. 그 이후에 많은 신학자들은 하나님을 인격적 존재 개념으로 확대 해석함으로써 정적인 혹은 기계적인 존재가 아니라 동적인 혹은 유기적 존재로 이해하게 되었다.

특히 이 인격적 존재로서의 하나님은 세계에서 고난받는 동반자로서 세계가 고난을 당할 때에 하나님은 마음 아파하시고 그 고난에 기꺼이 동참하셨던 것이다. 따라서 세상에서 일어나는 사건이나 고난에 하나님은 결코 무관하지 않으시고, 자신의 감정과 사랑을 보이는 인격적 존재가 되셨던 것이다. 그가 인격적 존재이기 때문에 세상에 더 많은 관심과 애정을 보임으로써 하나님의 사랑은 세계가 정의롭고 올바른 방향으로 가길 원하시게 되었다. 몰트만은 『십자가에 달리신 하나님』에서 이 사실을 다음과 같이 주장하였다.

하나님은 능동적 고난, 즉 한 사람이 다른 것을 통하여 일어나는 자극에 대하여 자기를 개방함으로써 일어나는 사랑의 고난을 당하셨던 것이다. 자발적으로 원하지 않은 고난이 있는가 하면 스스로 받아들인 고난도 있으며, 사랑의 고난이 있었다. 만일 하나님께서 모든 면에서 그리고 하나의 절대적인 의미에서 고난을 받을 수 없다면, 그는 또한 사랑을 할 수도 없을 것이다. 사랑이란 자기 유익을 고려하지 않고 타인을 받아들이는 것을 의미한다. 그렇다면 사랑은 함께 고난당할 수 있는 잠재력과 타인의 상이성을 감수할 수 있는 자유를 그 자체 속에 지니고 있게 된다고 할 수 있다. 이러한 의미에서 고난을 당할 수 없는 존재는 '하나님은 사랑이시다'라는 기독교적 기본명제와 모순을 일으키게 된다. 그러므로 사랑할 수 있는 자는 고통을 당할 수 있다는 것이다.[99]

이처럼 세상에 대한 하나님의 사랑은, 하나님은 인격적 존재임을 나타낸다고 하겠다. 그리고 무엇보다도 하나님의 관심은 인간에게만 있는 것이 아니라 인간이 생존해야 하는 환경인 자연계 전체에 대해서도 가지고 있음을 암시하게 된다. 요한복음에서 이 사실을 분명하게 증거하고 있다. "하나님이 세상을 이처럼 사랑하사…… . 세상을 심판하려 하심이 아니요…… . 세상이 구원을 받게 하려 하심이라."[100] 세상에 대한 하나님의 사랑은 인간에게만 국한되지 않는다. 세상에 대한 하나님의 사랑은 피조물의 세계 전체를 의미한다. 사도 바울은 이 세상을 만물 또는 피조물이라고 지칭하였다.[101] 이것은 하나님이 세계를 얼마나 사랑하는가에 대한 관심

---

99) Moltmann Jurgen, *Crucified God*, trans, Wilson and John Bowden (San Francisco: Harper & Row Publishers, 1974), p.230.

100) 요한복음 3장 16절.

101) 로마서 1장 25절; 8장 39절; 히브리서 4장 13절.

을 드러내게 되었다. 이러한 인식에서 우리는 세계 속에 있는 모든 것이 구원과 회복을 위해서 활동하도록 지음을 받은 존재임을 알게 될 것이다. 따라서 우리를 위해서, 세상을 사랑하는 인격적 존재인 하나님의 뜻이 이 땅에 실현되길 원하신다고 하겠다.[102]

(2) 사랑의 대상인 인간

사회복지는 "사회적으로 적응하지 못하는 인간을 치료하고 사회에 적응하게 하는 기술로서 그 주된 대상이 인간이기 때문에 인간을 위한 인간의 학문"[103]이라고 할 수 있다. 따라서 교회사회복지의 신학적 근거는 인간의 올바른 이해에서 출발하게 된다고 하겠다. 따라서 교회사회복지의 관점에서 인간 이해를 하나님의 형상으로 지음을 받은 존재와 사회적 맥락에서 세계의 책임적 존재로서의 인간 이해로 해석해 보고자 한다.

① 하나님의 형상으로 지음을 받은 존재

사회복지는 인간의 존엄성에 근거를 두고 있다.[104] 인간의 존엄성에 대한 이해는 하나님의 형상(Imago Dei)으로 지음을 받은 인간 이해에서 시작된다. 모든 인간은 하나님의 형상을 가진 존재라 할 수 있다. 형상이란 인간은 단순히 무가치한 존재가 아니며, 하나님의 형상에 의해 지음을 받은 고귀한 존재다. 창세기에서 "하나님이 가라사대 우리의 형상을 따라 우리의 모양대로 우리가 사람

---

102) 마태복음 6장 9절 – 13절.

103) 최무열, "교회사업의 신학적 기초", 한국교회사회사업학회 편, 『교회사회사업편람』, (서울: 인간과 복지, 2003), p.41.

104) 손인웅, "교회 사회복지 참여의 신학적 근거", 기독교윤리실천운동 사회복지위원회 편, 『교회의 사회복지 참여하고 실천하기』, (서울: 대학기독교서회, 2001), p.27.

을 만들고 그로 바다의 고기와 공중의 새와 육축과 온 땅과 땅에 기는 모든 것을 다스리게 하자 하시고 하나님이 자기 형상 곧 하나님의 형상대로 사람을 창조하시되 남자와 여자를 창조하시고"[105]라고 말씀하셨다. 1974년에 있었던 스위스 '로잔언약'에서도 기독교의 사회적 책임을 강조함으로써 하나님의 선교의 개념을 인간의 존엄성으로 선포한 바 있었다. "우리는 인간 사회 어디서나 정의와 화해를 구현하시고 인간을 모든 압박으로부터 해방시키려는 하나님의 관심에 동참하여야 할 것이다. 사람은 하나님의 형상대로 창조되었기 때문에 인종, 종교, 피부색, 문화, 계급, 성 또는 연령의 구별 없이 모든 사람은 천부적 존엄성을 지니고 있으며, 따라서 사람은 서로 존경받고 섬김을 받아야 하며 누구나 착취를 당해서는 안 된다."[106] 이런 점에서 교회사회복지가 하나님의 선교를 하나님의 형상으로 지음을 받은 존재로 확대해석하였기 때문에 인간의 존엄성 회복은 신학적 논의의 중요성을 일깨웠던 것이다.

기독교 신학에서 하나님의 형상은 다양한 의미로 사용되고 있다. 첫째로, 하나님의 형상으로 지음을 받은 존재는 인간의 동등배려(equal regard)로서 인간의 존엄성을 뜻한다. 다시 말해서, 하나님의 형상인 인간으로 서로 대우하는 사회적 관계 개념이라 할 수 있다. 밀리오리(Milgliore)[107]가 정의하듯이, 하나님의 형상은 "자유롭게 그리고 기꺼이 서로 존경하며 사랑하는 존재 안에서 사는 것"을

---

105) 창세기 1장 26절 – 27절.
106) Padila Rene, "기독교의 사회적 책임", 『통전적 선교』, 홍인식 옮김 (서울: 나눔사, 1994), p.254; 정승태, "복음의 실천으로서의 사회봉사", 『교회사회사업의 목회적 적용』, (대전: 침례신학대학교출판부, 2002), p.100.
107) Daniel L. Migliore, 『기독교조직신학』, 장경철 옮김 (서울: 한국장로교출판사, 1998), p.184.

가리키고 있다. 네 이웃을 네 몸과 같이 사랑하라는 주님의 명령은 이웃을 하나님의 형상으로 지음을 받은 가치 있고 고유한 존재로 동등하게 대우하라는 명령인 것이다. 이 명령 앞에 우리는 하나님이 창조한 피조물들을 사회적 관계에서 동등하게 사랑하고 배려하여야 한다. 비판 철학자인 칸트(Kant)[108]도 "우리가 사람을 다룰 때, 우리 자신의 사람이든 또는 타자의 사람이든지 간에, 항상 수단으로서가 아니라 목적으로서 대우하여야 한다."고 주장하였다. 성경은 하나님의 형상에 관한 암시적 의미를 보다 명확한 언어로 우리에게 설명하고 있다. 즉 하나님을 사랑한다고 하면서 이웃을 미워하는 것은 참된 사랑의 도리를 알지 못하는 것으로 단정해 버렸던 것이다. 마치 "누구든지 하나님을 사랑하노라 하고 그 형제를 미워하면 이는 거짓말하는 자니"[109]라는 요한 일서의 언급처럼 하나님의 사랑과 이웃의 사랑은 동일시된다. 하나님의 사랑은 이웃의 사랑이라는 논리는 하나님의 형상으로 지음을 받은 인간이 존중되어야 하는 것이다.

둘째로, 하나님의 형상으로 지음을 받은 인간들은 사회 속에서 서로 조화를 이루면서 살아가게 된다. 하나님의 뜻은 인간 사랑에 있으며 구체적으로 하나님의 뜻으로서의 인간사랑은 우리 주변에 있는 이웃을 '나'처럼 사랑하라는 계명에서 시작된다고 하겠다. 주님은 "네 이웃을 네 몸과 같이 사랑하라"는 이 계명에 의해서 이웃 사랑은 하나님의 계명이자 뜻임을 선포하셨다. 그런데 문제는

---

108) 강영안, 『도덕은 무엇으로부터 오는가: 칸트의 도덕철학』, (서울: 소나무, 2000), p.108.
109) 요한일서 4장 20절.

기독교 신앙에서 이웃사랑을 실천하고 있는가 하는 것이다.

인간존엄성의 사건은 성육신의 사건에서 발견되는데, 성육신은 하나님 자신이 하늘의 영광을 버리고 이 세상으로 진입해 온 역사적 사건이라 할 수 있다. 이 세상으로 진입할 수밖에 없는 근본적인 이유는 인간을 사랑하기 때문이었다. 하나님이 인간을 사랑한다는 것은 인간이 그만큼 가치가 있는 존재임을 의미하게 된다. 우리가 가치가 없는 일에 시간과 물질을 허비하지 않는 것처럼, 누군가를 위해 자신의 목숨을 버린다면 그것은 그가 그만큼 가치가 있는 존재임을 의미하게 된다. 이처럼 우리는 하나님으로부터 가치 있는 존재로 인정을 받고 '하나님이 나를 사랑한다'는 기본적 명제가 교회사회복지의 출발점을 제공하는 일일 것이다.

예수의 사역의 초점에도 인간의 존엄성에 두고 있고, 인간이 인간을 파괴하는 행위는 인간을 한 이웃으로 이해하지 못하기 때문에 사회복지적 삶을 방해하게 된다. 누가는 처음부터 예수의 오심이 이러한 목적을 가지고 오셨음을 분명히 밝히고 있다.

주님의 영이 내게 내리셨다. 주님께서 내게 기름을 부으셔서, 가난한 사람에게 기쁜 소식을 전하게 하셨다. 주님께서 나를 보내셔서, 포로 된 사람들에게 해방을 선포하고, 눈먼 사람들에게 눈 뜸을 선포하고, 억눌린 사람들을 풀어 주고, 주님의 은혜의 해를 선포하게 하셨다고 하겠다.[110]

위의 구절은 인간이 어떻게 살아가야 하고, 인간이 다른 인간을 어떻게 대우하고 또 받아야 하는지를 보여 주게 된다. 이처럼 예수님의 사역은 대부분 인간 존엄성에 초점을 맞춘 사역이었다. 인

---

110) 누가복음 4장 18 – 19절.

간으로 대우를 받는다는 것은 기독교 신앙에서 가장 근본적이라 할 수 있다. 그것은 세계 속에 있는 모든 인간은 가치가 있는 존재임을 말한다. 누구도 타인에 의해 고통을 받거나 속박을 받아서는 안 된다. 모든 인간은 하나님 앞에 평등하며, 자신의 존재 가치가 적절한 방식으로 표현돼야 한다. 인간답게 살아가는 삶이 교회사회복지의 이상적인 목표라고 한다면, 하나님의 형상으로서의 인간 이해는 매우 중요한 가르침이라 할 수 있다.

맹용길[111]은 삶의 질은 단순히 높은 생활수준이나 경제적인 부(富)만을 의미하지는 않는다. 오히려 부를 배설물로 생각하고 더 고상한 가치를 선택할 때 얻어지는 것이기도 하다. 이것은 바로, 교회사회복지에 종사하는 사람은 심령이 가난해야 하고 마음이 청결해야 함을 의미한다. 그러므로 마음을 비우면 모든 것이 보이고 풍부한 여유를 갖게 된다는 것을 일반 사회복지 사업을 하는 사람들과 공유하도록 해야 할 것이다. 그러나 인간의 삶의 질을 높인다는 것이 반드시 사람 마음에 드는 작업을 의미하는 것은 아니다. 그보다는 인간 자체를 존중하고 사랑하며, 그것을 가능케 하는 인간 사랑의 믿음에 근거한 지혜로 서비스하는 것을 우선적으로 해야 할 것이다.

이처럼 하나님의 형상으로 지음을 받은 존재에 대한 인식이 교회사회복지의 근거를 제공하기 때문에 인간에 대한 존중은 단순히 자선이나 구제의 차원을 넘어서 '하나님의 형상 회복'을 지향하는 통전적 인간 이해를 목표로 하는 것이다.

---

111) 맹용길, "교회 사회복지의 이해", 기독교윤리실천운동 사회복지위원회 엮음, 『교회의 사회복지 참여하고 실천하기』, (서울: 대한기독교서회, 2004), p.22.

② 사회의 책임적 존재로서의 인간

기독교 신학에서 인간은 사회의 책임적 존재로서 인식하게 된다. 책임이란 "행위 주체자가 자기에게 가해진 행위에 대한 해석을 근거로 하여 응답하며 또한 자신의 응답에 대하여 나타나게 될 반응에 대한 기대를 근거로 하여 응답하는 행위의 이념이라 할 수 있다."[112] 다시 말하면, 인간은 하나님에 의해 자유로운 존재로 지음을 받았다고 할 수 있다. 캅(Cobb)[113]은 "아무리 하찮은 존재라고 할지라도 자기를 표현하려는 것은 보편적이다." 인간은 이 세상 속에 살면서 자신을 자유롭게 표현하고 행동하면서 산다. 그래서 인간은 본질상 사회적이다. 사회적 존재는 독립적 존재가 아니라 상호의존적 존재이다. 자신의 주변에 있는 이웃들과 더불어 살아가는 존재이기 때문에 인간은 사회의 테두리 속에 있는 이웃의 문제에 무관심할 수 없다고 주장하였다.

첫째로, 사회의 책임적 존재는 신학적으로 말하면 인간의 자유에 의해서 행위 하는 존재를 의미한다. 이것은 자신의 행위에 대한 책임이 전적으로 자신에게 달려있음을 말한다. 이는 누구에게도 자신의 행위에 대한 결과를 전가하지 못하기 때문이라 할 수 있다. 자신의 행위는 전적으로 자유다. 하지만 기독교 인간은 자유로운 존재로서 사회의 변혁을 창조하는 존재로 인식하여야 한다는 것이다. 하나님의 피조물인 인간은 자유롭게 선택하고 결정하는 존재라고 할 수 있다. 누구도 그의 행위의 자유를 방해하지 못하며, 따라

---

112) 고재식 편역, 『기독교 윤리학 방법론』, (서울: 대한기독교서회, 1985), p.148.

113) John B. Cobb and David R. Griffin, *Process Theology: an Introductory Exposition* (philadelphia: The Westminster Press, 1976), p.24.

서 자유로운 존재인 인간은 자신의 행위에 대한 책임을 갖는다. 하지만 기독교 신학의 중심 교리인 자유개념은 "그 행위가 하나님의 은혜와 판단에 귀결되고 우리 이웃의 책임과 상관관계를 맺고 있다."114) 구체적으로 사회의 책임적 존재는 사회의 정의에 대한 책임을 강조하였다. 사회복지가 정의로운 사회를 지향하는 것이라고 한다면, 기독교 인간은 사회의 정의에 동참할 책임을 갖게 된다. 전통적인 신학에서 우리는 개인구원만을 강조함으로써 사회의 부조리와 부정의에 침묵해 왔었다. 이제 우리는 사회복지를 지향하는 신학은 사회의 정의에 동참할 책임적 존재를 요구하고 있다. 따라서 우리는 사회 속에 하나님의 정의를 실현하는 책임적 존재로 살아야 할 것이다.

둘째로, 사회의 책임적 존재는 하나님의 은혜를 세계 속에서 반응하는 것을 말한다. 그리스도인의 사명은 '세상의 빛'과 '세상의 소금'으로서의 역할이라 할 수 있는데 이것은 가장 기본적인 강령이지만, 교회는 세상과 교회를 분리하는 이원론적 가르침으로 일관해 왔었다.

김승용115)은 그리스도인들이 하나님의 나라의 시민이면서 동시에 땅의 나라의 시민이지만, 그들은 세상의 시민으로서 사회의 책임적 존재로 살지 못한다. 성(聖)과 속(俗)의 두 영역으로 구분하여 생각하는 우리는 세계의 현실 밖에서 그리스도인이 될 수 없는 현상을 목격한다. 본회퍼가 말한 것처럼 "하나님께 원수가 되는 세상

---

114) 고재식 편역, 전게서.
115) 김승용, "기독교 사회운동", 한국교회사회사업학회 편, 『교회사회사업편람』, (서울: 인간과 복지, 2003), p.758.

을 사랑함으로써 그리스도인이 된다." 이는 세상을 사랑하는 일은 세상의 본질 자체 때문이 아니라 세상에 대한 하나님의 사랑 때문이라 할 수 있다.

로빈슨(Robinson)[116]은 "기독교의 존재이유는 신앙적인 사람들의 공동체를 조직하는 것이 아니라 오히려 이 세상의 종으로서 섬기는 것이다."고 주장하였다. 다시 말해서 하나님의 나라의 표상인 신앙공동체인 교회 내에서는 책임을 다하면서 사회 속에 만연해 있는 사회 병리적 현상들이나 문제들에 대해서는 무관심할 수 없음을 말하였다. 그것은 세상에 대한 하나님의 사랑이 그리스도인들의 책임을 통해서 그분의 현존이 입증되어야 한다는 것이다. 만일 우리가 세상이 추상적인 의미에서의 세상이 아니라 현재 우리의 주변에 있는 사회로 받아들인다면, 세상으로 가라는 주님의 명령은 사회 속에 가서 복음의 사역자로 역할을 다하라는 의미로 이해될 것이다. 그러므로 우리가 사회 속에서 책임적 존재로 살아갈 것을 당부하는 주님의 명령에 민감하여야 할 것이다.

사회복지는 삶의 질 혹은 행복한 삶의 구현을 높이는 인간에 대한 복지를 추구하는 것이다. 따라서 사회복지는 인간의 보편적이고 객관적인 욕구가 존재하고 그것을 파악할 수 있으며 또 사회적 관리를 통해 충족될 수 있다고 가르치게 된다. 하지만 신학적인 관점에서 보면 그것이 전부는 아니라고 할 수 있다. 이는 복지사회가 실현된다고 해서 모든 인간이 반드시 행복해지는 것은 아니기 때문이다. 그렇다면 교회사회복지는 사회적 제도나 정책에만 의존

---

116) John A. T. Robinson, *Honest to God* (Philadelphia: The Westminster Press, 1963), p.134.

하지 않게 될 것이다. 다시 말해서 교회사회복지가 신학적 근거에서 출발하기 때문에 일반 사회복지와는 달리 하나님의 사랑의 대상으로서의 인간의 전인격적인 삶을 지향하여야 한다는 것을 말한다. 그런 점에서 교회사회복지는 일반사회복지와 차별을 갖게 된다. 곤궁하고 소외된 계층과 사회적으로 차별받는 삶의 양식을 보호하고 그들의 사회적 권리를 신장시키며 궁극적으로 그들의 사회적 적응능력을 제고할 수 있는 전문적인 이론이나 실천을 가르치는 사회복지의 제도나 이론이 인간의 객관적인 욕구를 모두 충족할 수는 없을 것이다. 그러기 때문에 사회복지는 통전적인 인간이해에 근거하여 기독교적인 관점을 최상의 관점으로 받아들여야 할 것이다. 앞에서 논의했듯이, 기독교적이란 말은 세상에 대한 하나님의 명령이나 뜻이 신학적으로 조명되어야 하기 때문에 세상에 대한 하나님의 뜻은 하나님의 인격적 사랑의 존재를 통해 인간이 행복한 복지적 삶을 영위하길 원하시게 된다. 단순히 선교적 차원에서 구제나 자선의 행위를 넘어 세계를 변혁하려는 하나님의 절대주권에 인간인 우리가 동참함으로써 하나님의 선한 뜻을 실현시켜야 하는 것이 교회사회복지의 의미라고 할 수 있다.

결론적으로 교회사회복지는 하나님의 뜻이라 할 수 있을 것이다. 하나님의 뜻은 교회사회복지가 이 땅에 실현되기를 원하실 것이다. 그래서 하나님은 세상을 사랑하셨다. 세상이 없는 하나님은 자신의 존재 이유를 발견하지 못할 것이다. 그러므로 자기 자신을 대속물로 희생하고, 세상에 대한 하나님의 사랑을 확증하심으로써 내재하는 창조주의 깊은 뜻이 하늘에서 이룬 것같이 땅에서도 이루어 가는 과정이 교회사회복지의 목적이라 할 수 있다.

3. 교회사회복지참여의 복지 다원적 근거

복지 다원주의의 출현 배경은 서구에서 1970년대에서 1980년대 복지국가의 위기와 보수주의 출현과 때를 같이하여 대두된 개념이라 할 수 있다.

세계대전 이후 30년간 누려 온 선진 자본주의 국가들의 풍요는 1970년대 초 석유파동을 계기로 경제, 정치를 비롯한 제반 문제와 위기의 징후가 나타나기 시작했고, 이러한 위기는 복지국가 위기를 초래하게 되었다고 할 수 있다.

복지국가의 위기의 주요 내용을 들면 경제성장의 약화, 실업증대, 공공지출의 증대, 복지정책 시행의 어려움, 정부활동에 대한 신뢰성 저하 등을 열거할 수 있다. 이를 구체적으로 정리하면 첫째, 스태그플레이션[117]의 시작과 경제성장의 종식으로 사회적 경비의 지출을 위한 재원을 조달하지 못하고 오히려 복지국가가 경제회복의 장벽이 되었다. 둘째, 완전고용이 달성되지 않고 있으며 몇몇 나라에서는 대량실업이 발생하게 되었다. 셋째, 국가의 재정위기로 세입과 공공지출 간에 큰 격차가 나타나게 되었다. 넷째, 많은 나라에서 사회서비스 부문의 예산삭감정책을 시행하게 되었다. 다섯째, 복지국가의 사회체계에 대한 일반적인 신뢰가 적어지게 되었다.[118]

이러한 사회적, 경제적 영향은 80년대 복지국가 위기에 미국, 영

---

117) 이 현상은 인플레이션이 지나친 팽창정책이나 소비수요 등으로 인한 총수요증대의 시기에 발생한다는 케인즈적 사고에서는 설명할 수 없었다.
118) 김석준, 『국가변동론』, (서울: 법문사, 1994), p.375.

국, 서독 등 주요 서구자본주의 국가에서 집권한 신보수주의자들에 의해 반영되었다. 신보수주의 등장은 이전 복지국가에서 이루어졌던 국가개입의 형태에 재검토가 이루어지게 되었다. 즉 기존에는 국가가 복지제공의 책임을 지는 제도였으나 공공부문의 예산삭감, 복지축소, 개인과 가족책임을 강조하는 등의 반복지정책을 강조하게 되었다. 또 사회 전반에 걸친 정치, 경제, 도덕적 위기를 극복하기 위하여 자유시장 국가형성 등을 내세우게 되었다. 신보수주의 등장 배경은 사회복지정책의 변화를 수반하면서 정부의 역할 개입의 축소를 가져오게 하였다. 국가가 국민의 복지 책임을 지는 데 선별적이고, 제한적 서비스를 실시하며 본인과 가족이 국가복지 활동에 대해 주요 대체 역할을 담당할 것과 지역사회와 자선활동의 역할이 증대하여야 된다는 것을 강조하게 되었다. 신보수주의가 등장하고 민영화가 대두된 시대적 상황과 배경은 다음과 같다.

1973년부터 1974년에 걸친 석유가격의 폭등을 계기로 기업의 도산, 산업생산의 절대적 감소, 실업의 증가 등이 야기되었다. 뿐만 아니라 제2차 유가 파동이 1978년에 재차 발생함으로 세계경제의 위기는 심각한 상태에 이르게 되었다. 불안한 경제가 계속됨에 따라 이제까지 의회제 정당정치를 실시해 왔던 선진자본주의 국가에서는 정당정치에 대한 국민의 불신, 복지국가를 추구해 온 정권에 변화를 가져오게 되었다. 정권의 변동과 성격의 변화는 정부의 정책에 그대로 반영되었다.[119] 즉 선진자본주의 국가들은 보수적인 정책목표를 실현하기 위하여 긴축 통화정책, 기업의 조세삭감, 국

---

119) 영국의 경우 노동당에서 대처가 이끄는 보수당으로 정권교체가 이루어졌고, 프랑스에서는 공화국민주연합 같은 정당이 무너지고, 독일의 경우 1974년 보수당과의 연립정부는 보수당의 정책을 대폭 수용하였다.

영기업의 민영화, 노동조합에 대한 규제, 자유경쟁의 확대 등을 내세우게 되었다. 이러한 이론의 뒷받침은 신보수주의가 선택한 프리드만(Milton Friedman)의 통화이론이었다.

프리드만[120]은 정부의 과잉팽창을 비판하면서 개인과 시장의 우선순위를 강조하였다. 국가는 그것을 구성하는 개인의 집합일 뿐 그 이상의 아무것도 아니다. 정부는 하나의 수단과 방편일 뿐이고 국가와 정부활동은 자유의 보전을 위해 두 가지 원칙을 주장하였다. 그것은 첫째, 정부의 활동범위를 제한할 것 둘째, 정부의 권한은 제거되어야 하며 제거될 수 없는 경우는 분산되어야 한다는 것이다. 프리드만은 정부활동에 대한 제한과 권력의 분산은 경쟁적 자유체제와 정치적 자유를 위한 필요조건이라고 주장하였다.

스타(Starr)[121]는 민영화(privatization)란 정치적으로 작은 정부를 추구하는 의식, 즉 정부의 성장에 반대하는 운동이라고 지적하였다. 서구에서는 공공복지가 발전하면서 민간복지는 상대적으로 축소되기도 하였지만, 복지국가 위기 이후 복지서비스의 공급체계가 다원화되면서 그 중요성이 재고되고 있었다.[122]

민영화는 국가의 시장개입을 전제로 하기 때문에 민영화를 논의하기 위해서는 우선 국가가 개입하게 되는 이유를 밝힐 필요가 있다.

---

120) 이경민, "복지국가 위기론에 관한 비판적 고찰", (중앙대학교 대학원 석사학위논문, 1990), p.26.

121) Paul Starr, "The Meaning of Privatization", in Sheila B. Kamernan, and Alfred J. Kahn(eds), *Privatization and the Welfare State* (New Jersey: Princeton University Press, 1989), pp.14 − 18.

122) 정무성, "한국 민간 사회복지체계의 현황과 과제: 사회복지협의회의 역할을 중심으로", 『사회복지』, 1998, 봄호, pp.4 − 13.

1) 시장의 실패와 국가의 개입

한 사회가 잘 유지되기 위해서는 사회구성원들의 기본적인 욕구가 충족되어야 하고, 소득을 공평하게 재분배하며 경제가 성장할 수 있도록 자원을 효율적으로 배분하는 기능을 제대로 수행해야 할 것이다.

그러나 자본주의사회에서 시장체계가 사회에 재화를 적절히 제공하지 못하는 문제를 안고 있으면 이것을 시장의 실패라고 할 수 있다. 시장의 실패는 공공재[123]와 외부효과성 때문에 일어나게 된다.

첫째, 공공재(public goods)란 한 사회의 구성원들이 공동으로 사용할 수 있는 재화를 의미한다.[124] 그러나 이러한 개념을 완전하게 적용할 수 있는 순수한 공공재는 많지 않다고 할 수 있다.[125] 공공재의 이러한 특성 때문에 사회의 일부 구성원들이 공공재의 혜택을 받으면서도 자발적으로 대가를 지불하지 않으려고 하기 때문에 공공재가 한 사회에서 필요한 최적의 양으로 생산될 수 없다. 심

---

123) 국방과 경찰, 사법, 도로, 공원 등과 같이 정부가 아니면 할 수 없거나 또는 정부에 의해서 수행되는 것이 바람직하다고 사회적으로 판단되는 재화나 용역을 일컫는다. 공공재와 대립되는 것이 민간재이다. 민간재는 대체로 시장기구를 통해 공급되는 데 비해 공공재는 통상 시장가격은 존재하지 않으며 수익자 부담주의는 타당하지 않다. 따라서 공공재의 규모 결정은 정치기구에 맡기는 수밖에 없다. 공공재는 비경향성, 비배제성, 비선택성과 같은 특징이 있으나 정치기구를 통해 적정한 공공재의 크기를 어떻게 정하는가의 규칙을 명백히 하는 것이 공공재에 관한 가장 중요한 과제이다. 만약 국민들이 인정하는 중요도에 따라 공공재에 조세를 부담할 용의가 있다면 이를 적정수준으로 하여 공공재의 크기를 결정할 수도 있겠으나 비배재성의 성질에 의해서 국민은 비용을 부담하지 않고도 공공재의 이익을 향유할 수 있기 때문에 이른바 free-ride의 문제가 일어나게 되는 것이다.

124) E. Z. Brodkin and D. Young, *Making Sence of Privalization: What can We Learn from Economic and Political Analysis?* (N. Y: The Free Press, 1986), pp.341 - 347.

125) 예를 들어 국방이라는 서비스를 보면 한 국가에서 살고 있는 모든 국민이 그 혜택을 받으며 국민들 가운데 일부만을 국방의 혜택에서 제외시키기는 어렵다.

지어는 공공재에 대한 비용을 지불하고자 하는 사람도 결국 이들 일부 구성원들을 따라 지불하지 않으려 하고 다른 사람들이 대신 지불하도록 방관하게 된다. 이에 따라 시장에서 이윤을 추구하는 생산자를 통해 공공재를 사회에서 필요한 만큼 공급하기 어렵게 된다. 결국 국가는 공공재를 공급하기 위해 강제력이 동반되는 세금을 이용하게 된다.

그러나 집합행동이론에서는 소득과 부의 공평한 분배, 최저생계비 수준의 유지 등과 같은 서비스도 한 사회의 모든 구성원이 동시에 혜택을 받으면서도 그 누구도 혜택을 받는 과정에서 제외되지 않기 때문에 공공재로 여긴다. 국가는 일부 재화를 제공함으로써 시장에 의해 결정된 소득의 분배를 변화시켜서 재분배효과를 이끌 수 있다. 특히 국가는 사회복지체계를 통하여 시장외부에서 자원을 분배하여 시장체계가 만족시키지 못하는 구성원들의 욕구를 충족시키고 소득의 불공평 분배를 막는 기능을 하고자 하였다. 이러한 목적에 따라 서구에서는 뉴딜(New Deal)과 사회계약을 통해 국가복지를 대폭 확대하게 되었다.[126]

둘째, 특정재화를 소비할 때 소비자 자신뿐만 아니라 다른 사람에게도 그 효과를 미치는 것을 외부효과성이라고 한다. 예를 들면 한 개인이 자동차를 소비함으로써 환경오염이 발생하면 그에 따른 영향을 소비자뿐만 아니라 다른 사람에게도 미치게 된다. 반대로 한 개인이 교육을 소비함으로써 국가의 경쟁력이 증가하면 경제가 성장하여 그 영향이 소비자 자신뿐만 아니라 다른 사람에게도 미치게 된다.

---

126) 김태성 외, 『복지국가론』, (서울: 나남, 2001), p.105.

이와 같은 현상을 외부효과성이라고 하고 전자를 부정적인 외부효과성, 후자를 긍정적인 외부효과성이라고 한다. 따라서 부정적인 외부효과성을 감소시키고 긍정적인 외부효과성을 증대시키기 위해 국가가 개입해야 할 것이다.

2) 사회복지공급의 민영화 제공 이유

사회복지공급의 재화나 서비스를 민간부문에서 제공해야 한다는 이유는 주로 정부의 실패(government failure) 혹은 비시장의 실패(non market failure)의 개념에서 나오게 되었다. 그 구체적인 내용을 정리하면 다음과 같다.[127]

첫째, 공공부문은 민간부문보다 사회복지서비스를 제공하는 데 있어 경쟁체제가 이루어지기 때문에 그러한 서비스를 독점적으로 제공할 가능성이 높으므로 여러 가지 문제가 발생하게 된다. 즉 소비자들의 서비스에 대한 수요의 질과 양의 변화에 대한 신속하고 신축성이 있는 대응이 적어 불필요한 서비스를 많이 제공하거나 필요한 서비스를 적게 제공할 가능성이 높게 된다. 또한 경쟁이 없는 상태에서는 서비스의 개선 예를 들면 창의적인 프로그램의 개발 등의 노력이 미흡할 수 있다. 또한 독점 아래서의 서비스는 불필요하게 높은 비용에서 제공되어도 유지될 수 있다.

둘째, 공공부문은 기본적으로 소유자가 정부이기 때문에 비효율적인 운영을 방지할 수 있는 동기강화가 어렵게 된다. 다시 말하면 비효율적인 수행에 대한 제재가 어렵다고 할 수 있다. 반면에

---

127) 상게서, pp.355 – 356.

민간부문에서는 비효율적인 운영을 하는 것에 대한 직접적인 책임 추궁이 이루어질 수 있게 된다.[128] 즉 민간부문에서는 효율적인 운영에 대한 동기부여를 높일 수 있을 것이다.

셋째, 공공부문에서의 사회복지서비스의 제공은 자기이익을 추구하는 특정의 소비자집단들의 요구에 정치적으로 대응하기 쉽거나 이러한 서비스를 제공하는 공공부문 종사자들의 이익을 추구하는 과정에서 불필요한 서비스의 확대와 낭비를 가져올 수 있다. 즉 공공부문에서의 사회복지서비스는 특정한 이익을 추구하는 소비자집단, 이들의 이익을 대변하는 정치가들, 그리고 이러한 서비스를 관장하는 공공부문 구성원의 이익이 합치될 때 불필요하게 확대될 수 있다.

정경배[129]는 정부와 민간의 역할분담의 기준을 다음과 같이 제시하였다.

첫째, 생존에 필요한 기본적 욕구 여부로 전 국민에게 필요한 욕구는 정부가 담당하고, 그 이상의 욕구충족은 민간이 담당하도록 해야 한다. 둘째, 사회에 미치는 영향 정도를 파악하여 사회 구성원에게 위급한 효과를 미치는 것은 정부가 담당해야 하고, 개인적 기호와 관련된 것이면 민간이 담당해야 한다. 셋째, 대응의 긴급성 여부로 보아 새로운 문제나 욕구에 대해서 민첩하게 대응할 필요가 있는 것은 민간이 담당하고 정부는 이러한 상황에 민첩하지 못하므로 신속한 대응이 필요하지 않는 분야에서 복지를 공급해야

---

128) 궁극적인 방법으로는 소유포기의 위험을 가져올 수 있다.
129) 정경배, "IMF시대의 정부와 민간의 사회복지 역할 분담", 『사회복지』, 1998, 겨울호, pp.7 - 25.

한다. 넷째, 서비스 조직의 규모를 고려하여 대상이 전국적인 규모이고 항상 필요한 상설적 서비스이면 정부가 담당하고, 개별적이고 구체적인 서비스는 민간조직이 담당해야 한다. 다섯째, 기획성과 집행성을 고려하여 사회파급 효과가 크고 기획력과 강제적 집행성을 필요로 하는 것은 정부가 담당하고, 시민의 자발적 참여가 쉽고 집행이 단순한 부문은 민간이 실시하도록 해야 한다. 일곱째, 재원의 크기를 고려하여 막대한 예산이 필요한 것은 정부가 담당하고 자발적 지원이나 지역을 기반으로 한 재원에 동원할 수 있으면 민간이 담당하도록 해야 한다. 이러한 것을 고려하여 국가는 사회보험제도와 국민의 기초적인 삶을 보장하는 기초의료보장, 기초소득보장, 기초교육보장, 기초주거보장 등을 담당해야 할 것이다. 그리고 민간은 정부에서 담당하지 못하는 아동, 장애자, 노인 등 취약계층을 위한 보완적인 복지기능을 담당하여 공동체의 발전과 사회통합에 기여해야 할 것이다.[130]

그럼에도 불구하고 다양한 복지욕구와 경제·사회적 위기는 민간의 복지에의 활발한 참여를 요구한다. 영리기업이나 정부가 사회복지를 제공하는 과정에서 나타나는 여러 문제점을 줄이기 위해 비영리기관과 같은 매개조직을 통해서 사회복지를 전달함으로써 보다 효율적이고 인간적으로 서비스를 제공할 수 있을 것이다. 궁극적으로는 공공과 민간의 균형을 유지함으로써 복지국가의 목표를 보다 더 효율적으로 달성하게 될 것이다.

---

130) 정무성, "한국 민간 사회복지체계의 현황과 과제: 사회복지협의회의 역할을 중심으로", 『사회복지』, 1998, 봄호, pp.4 - 13.

4. 교회의 사회적 책임

"주 너의 하나님을 사랑하고······ 네 이웃을 네 몸과 같이 사랑하라."[131]는 말씀은 기독교인들의 삶에 대한 두 가지 커다란 강령이다. 이 성경구절은 하나님에 대한 영적 사랑 못지않게 인간에 대한 형제적 사랑이 중요하다는 점을 강조한 것이며, 하나님을 사랑한다고 하면서 형제를 미워하는 사람은 거짓말을 하는 것이고, 보이는 형제를 사랑하지 않는 자가 보이지 않는 하나님을 사랑할 수가 없다는 말씀과 관련이 된다. 즉 인간에 대한 사랑은 하나님에 대한 사랑의 증거가 되는 것임을 우리에게 가르쳐 주는 것이다.

교회(ecclesia)란 그리스도인들의 모임이며 그리스도인들은 교회를 통해 하나님의 사역에 참여한다. 봉사나 섬김으로 해석되는 디아코니아(diakonia)의 진정한 의미는 치유와 화목의 행위라는 뜻이다. 또한 봉사와 섬김은 기독교의 영성과 관계가 있다. 진정한 영성은 봉사와 섬김으로 나타나기 때문이다. 즉 디아코니아는 상처를 싸매고, 갈라진 틈새를 메우며, 공동체의 건강을 회복시키는 행위이다.[132] 선한 사마리아인의 행위[133]는 디아코니아의 가장 좋은 예이다. 그러므로 봉사란 교회 안에서 그리스도인들 사이에서만 서로 돕는 좁은 의미가 아니라, 개인과 사회 전체의 복지를 증진하는 보다 넓은 노력이 되어야 한다.

교회의 사회적 책임은 크게 사회봉사(social service)와 사회행동

---

131) 마태복음 22장 37 - 40절.

132) Harvey Cox, *The Secular City*, Revised Ed., (N.Y.: Macmillan, 1966), p.114.

133) 누가복음 10장 25 - 37절.

(social action)으로 대별된다.[134] 사회봉사는 구제와 노력봉사를 의미하며, 사회행동이란 인간을 비인간화시키는 사회제도의 변화를 추구하는 활동을 의미한다. 만약 개인의 문제가 불합리한 사회환경에서 일어난다면 이의 해결을 위해서는 그 환경에 직접 개입하여 사회의 구조적 변화를 가져올 수 있는 행동이 필요하다. 그리스도인은 자신의 개인적 생활만 경건하게 살면 다 되는 것이 아니라 하나님의 기준에 맞는 정의와 공평이 실현되는 사회가 될 수 있도록 비판적 삶을 살아야 하며, 교회는 개혁적인 사회활동을 보다 많이 담당해야 한다.

복음주의적 중도주의를 채택하는 많은 기독교 지도자들도 1966년 세계선교회의에서 채택된 휘튼선언(The Wheaton Declaration)을 필두로 하여 1989년 제2차 로잔 마닐라 선언(The Lausanne Manila Menifesto)에 이르는 많은 회의와 논의를 거듭한 끝에 복음은 기독교의 뿌리이고 복음전도와 사회적 책임은 그 열매라는 점을 천명한 바 있다.[135]

밀러[136]는 기독교 사회윤리는 작고, 친밀하고, 비공식적인 집단에는 잘 적용되지만 크고, 복잡하고, 공식적인 조직체에는 잘 적응되지 못하는 경향이 있다고 주장한다.

그리고 오트(Ott)[137]는 이웃에 대한 사랑으로서의 '아가페'란 구

---

134) 세계복음화를 위한 로잔위원회, 세계복음주의 협의회 편, 『복음전도와 사회적 책임: 그랜드 래프드즈 보고서』, pp.55 - 61; John R.W. Stott, 『현대 사회문제와 기독교적 답변』, 박영호 역 (서울: 기독교문서선교회, 1985), pp.15 - 31.

135) Robert Webber, 『기독교 사회운동』, 박승룡 역 (서울: 라브리, 1990), pp.185 - 237.

136) Haskell M. Miller, *Compassion & Community* (N.Y.: Association, 1961), p.47.

137) 개인윤리와 사회윤리에 관한 다양한 견해를 정리하였던 오트는 인간을 인간화하기 위한 사회윤리를 이웃에 대한 아가페적 사랑을 실현하기 위한 '하나의 특수한 방법'

체적으로 '작은 집단의 사람들을 위한 개방성'이라고 말한다. 그러므로 교회는 개인의 윤리문제에는 민감하게 반응하지만 그러한 문제를 야기하는 보다 커다란 사회적 조건을 규명하고 변화시키는 데에는 그다지 노력을 기울이지 않는 경향이 있다. 따라서 교회가 개인적 관심의 요소들을 모아 박애주의에 입각한 조직적 프로그램을 만드는 것에 어려움이 있는 것이다.

교회가 사회적 책임을 감당함에 있어서 갖는 내재적 한계성을 극복하기 위한 방법으로서, 교회는 적극적으로 '종의 자세'(servanthood)를 취하여야 하는데 그 이유는 교회는 '메시아적 공동체'로서 이 세상 안에서 인간과 세상을 향한 하나님의 의도를 보여 주는 본보기가 되어야 하기 때문이다.

교회의 사회적 책임에 한계성이 있음에도 불구하고, 교회는 인간의 가치와 권위에 대한 확신을 갖고 인간이 처해 있어야 할 상태의 신앙적 기준을 제시하고 그 이상을 구현하는 데 있어서 다른 조직이 따라올 수 없는 위대한 업적을 쌓아 왔다.

또한 교회가 현대 서구사회의 특징을 이루는 정교한 사회복지 프로그램을 발전시킨 배경임은 부인할 수 없는 사실이다. 그러나 사회봉사 프로그램을 통해 기독교의 전인적인 사랑과 헌신의 사상이 사회로 전파되는 것은 바람직스러운 일이지만, 그 프로그램이 배타적인 기독교 교리에 영향을 받는 것은 바람직스럽지 못하다는 것이 일반적인 견해이다.[138] 교회의 사회봉사는 인간을 위한 편견

으로 이해함으로써 기독교에 있어서 사회윤리보다는 개인윤리의 우선권을 인정하였다. Heinrich Ott, 『신학해제』, 김광식 역 (서울: 한국신학연구소, 1985), pp.330 – 335.
138) Haskell M. Miller, *Compassion & Community*, p.100.

없는 사랑이어야 하며 기독교를 전파시키려는 목적만을 위한 행위가 될 수 없기 때문이다. 사실 이러한 갈등은 교회가 사회봉사를 함에 있어서 오랫동안 숙제로 되어 왔는데 이러한 딜레마를 해결하기 위해서는 교회와 전문적인 사회복지와의 관계를 검토해 보는 것이 필요하다.

전문적인 사회복지는 개인이 심리적으로 적절한 삶을 영위하도록 돕고, 주위 환경에 대해 만족스럽게 적응할 수 있도록 지식과 기술을 개발하는 전문분야(개별사회사업, 집단사회사업, 지역사회 조직사업, 사회조사, 사회사업행정, 사회행동, 사회정책)로 구성되어 있다.

교회의(ecclesial) 복지활동과 일반(secular) 사회복지는 인간의 물리적 욕구로부터, 나아가 사회적, 정신적 욕구에 반응하며 궁극적으로 전인적인 인격의 완성을 목표로 한다는 점에서는 동일하지만, 활동의 근거가 교회는 하나님에 대한 신앙에 있고, 일반 사회복지는 과학과 인본주의에 있다는 점에서 차이가 있다.

그러나 교회가 사회복지활동을 함에 있어서 대체로 기독교 신앙과 사회복지의 지식, 가치와 기술은 무리 없이 통합될 수 있다.[139] 교회의 자원과 헌신적인 자세, 그리고 사회복지의 전문성이 결합되어 양과 질에 있어서 풍부한 사회사업을 실현할 수 있다. 교회 자체 또는 교회가 관할하는 사회복지기관에서 사회사업의 훈련을 받은 그리스도인이, 목회자이든 일반교인이든, 인생에 대한 신앙적 기본입장을 유지하면서 전문적 사회복지사업을 실시할 수 있다.

---

139) Martin E. Marty, "Social Service: Godly & Godless", *Social Service Review*, 54(4), 1980, pp.463 – 481.

교회사회복지는 일반사회복지와 비교하여 몇 가지 다른 특징이 있다.[140]

교회는 교인들이 긴밀한 교제를 하고 지속적으로 상부상조한다는 면에서 가족과 같은 집단이므로 영속적이고, 사적인 지원망이 형성된다. 일반사회복지는 위기나 어떤 문제에 부딪힌 사람의 요청에 따라 개입하며, 대개의 경우 일정한 범위내의 서비스만을 제공하지만 교회사회복지는 요람에서 무덤까지 개인은 물론 가족과 오랫동안 관계를 맺으며 광범위한 서비스를 제공할 수 있다. 그리고 교회사회복지는 권위주의적 제도에 의해 제공되지 않고, 교인들의 헌신적인 자원봉사를 통해 제공되는 경우가 많다. 따라서 수혜자는 서비스에 대해 보다 수용적인 태도를 갖고 부정적인 낙인을 두려워할 필요가 없다.

이러한 특징을 가진 교회사회복지활동은 교회의 이웃과 지역사회로 그 범위가 확장되어야 한다. 교회사회복지 프로그램은 사회복지를 전공한 전문사회복지사에 의해서 제공될 때 그 효과가 증대할 것이다.

---

140) Diana S.R. Garland, "Christian in Social Work, Christan Social Ministry & Church Social Work: Necessary Distinctions", *Social Work & Christianity,* 13(1), 1986, pp.18 – 25.; 박영호, 『기독교 사회복지』, (서울: 기독교문서선교회, 2004), pp.9 – 21.

제3절 교회의 사회복지참여에 관한 선행연구 고찰

한국교회의 사회복지참여에 관한 현황과 내용을 파악하기 위하여 이와 관련된 선행연구들을 수집하여 분석, 검토하였다. 그 결과 교회의 사회복지참여에 관련된 연구논문은 약 67편이었다. 그리고 교회의 사회복지활동에 영향을 미치는 연구논문이 22편이 있었는데 교회지도자와 교회자원 그리고 지역사회 요인별로 그 연구내용을 간략히 살펴보면 다음과 같다.

1. 교회지도자 요인

교회의 사회복지활동에 영향을 미치는 교회지도자 요인에 대해 선행 조사된 결과는 대체로 인구사회학적 특성, 사회복지에 관한 교육과 훈련의 경험 유무, 목회자의 사회복지참여에 대한 인식도 등으로 정리할 수 있다.

유장춘(2000)[141]은 목회자의 인구사회학적 특성에 대하여 목회자의 연령이 낮을수록, 목회경력이 많을수록, 목회자의 학력이 높을수록 사회복지활동에 더 적극적이라고 주장하였다.

그러나 김주연(2000)[142]은 목회자의 연령과 목회경력이 교회의 사회복지활동에 유의미한 영향을 미치지 않는다고 지적하였다.

---

141) 유장춘, "교회사회복지활동 결정요인으로서 목회자의 그 생태체계에 관한 연구", (연세대 대학원: 박사학위논문, 2000).
142) 김주연, "교회사회봉사 사업에 관한 조사연구", (석사학위논문: 경성대 사회복지대학원, 2000).

김동배(1994)[143]는 목회자의 복지인식과 교회사회복지활동과의 관계에서 목회자가 사회복지관련 과목을 수강한 경험이 있는 경우에 사회복지활동에 적극적인 것으로 나타났다.

정성채(1997)[144]는 목회자들의 사회복지인식은 적극적, 진보적, 개혁적인 것으로 나타났고, 목회자의 복지의식이 높을수록 사회복지참여에 적극적인 것으로 나타났다.

목회자의 사회복지활동 참여 정도는 사회복지인식의 정도와 정비례 관계인 것은 분명하지만 선행연구 결과에 따르면 반드시 일치하는 것은 아니라는 논의가 많았다고 할 수 있다.

민경원(1998)[145]은 목회자의 사회복지에 대한 인식이 교회의 사회복지활동과 밀접한 관계가 있다고 주장하였다. 특히 목회자가 사회복지활동에 대해 많은 인식과 의지를 갖고 있으면 교회의 사회복지활동을 직접적으로 활성화시킬 뿐 아니라 간접적으로는 교인들의 인식을 변화시켜 사회복지활동을 위해 개방적인 자세를 취하게 한다고 지적하였다. 한국교회는 사회복지를 위한 인적, 물적, 재정 자원은 충분한 것으로 나타났다. 그러나 이를 활용할 의지가 목회자와 교인들에게 얼마나 있느냐가 관건이 되며 특히 교인들에게 영향을 주는 목회자의 인식은 교회의 사회복지활동 활성화를 위해서 매우 중요한 요인이 된다고 주장하였다.

성규탁(1991)[146]은 목회자들의 사회복지인식은 높은 반면에 참여

---

143) 김동배, "교회 사회봉사 사업의 실태", 대한예수교장로회 총회사회부 편, 『교회사회봉사총람』, (서울: 한국장로교출판사, 1994), pp.314 – 370.

144) 정성채, "기독교 목회자의 사회봉사참여에 관한 의식과 태도조사", (석사학위논문: 중앙대 대학원, 1997).

145) 민경원, "교회사회봉사의 활성화를 위한 연구", (석사학위논문: 서강대 수도자대학원, 1998).

의 정도는 그다지 높은 것은 아니라고 지적하였다. 또한 목회자의 인식과 교회사회복지예산과의 인과관계가 별로 유의미하지 않는 반면, 목회자가 사회복지활동에 직접적으로 참여하는 정도는 교회의 사회복지활동 활성화에 밀접하게 관계되어 있다고 주장하였다.

한국자원봉사능력개발연구회(1990)[147]는 교회공동체를 이끌어 가는 목회자는 교회의 리더이므로 교회사회복지의 인식과 실천에 결정적인 영향력을 행사한다고 주장하였다.

그러나 김주연(2000)[148]는 목회자가 교회의 사회복지활동을 교회의 본질적인 사명으로 받아들이느냐의 여부도 교회의 사회복지활동에 영향을 미칠 것이라고 추론하였다. 그리고 목회자의 사회복지에 대한 인식이 교회사회복지활동에 영향을 미치지 않는 것으로 분석하였다. 반면 김동배(1994)[149]에 의하면 "사회봉사가 교회의 본질적인 사명인가?"의 질문에 응답자의 57.6%는 전적으로 동의한다고 하였고, 31.7%는 동의하는 편이라고 응답하였다.

성규탁(1991)[150]은 목회자의 사회복지와 관련된 설교횟수가 많을수록 교회의 사회복지예산이 증가되고, 교인들의 사회복지활동 참여도가 높아지며, 교회의 사회복지 프로그램이 증가하는 것으로 조사되었다.

---

146) 성규탁 외, 『한국교회의 사회복지참여에 관한 연구』, (서울: 연세대학교 신과대학 부설 한국기독교문화연구소, 1991).

147) 한국자원봉사능력개발연구회. 『한국교회사회봉사사업조사연구』, (서울: 성광문화사, 1990).

148) 김주연, "교회사회봉사 사업에 관한 조사연구", (석사학위논문: 경성대 사회복지대학원, 2000).

149) 김동배, "교회 사회봉사 사업의 실태", 1994.

150) 성규탁 외, 『한국교회의 사회복지참여에 관한 연구』, 1991.

김진상(2005)[151]은 목회자의 교인들에 대한 사회봉사활동 권장 정도가 높을수록 교회의 사회복지활동이 활성화될 수 있다고 주장하였다.

2. 교회자원 요인

교회의 사회복지활동에 영향을 미치는 교회관련 요인에 대해서는 교회의 설립연한, 교회예산, 교인 수, 교인의 사회복지에 대한 인식, 그리고 사회복지활동을 위한 인력, 시설의 충분성 등으로 정리할 수 있다.

최순남(1996)[152]은 교회의 설립연한과 교회사회복지활동과의 관계에 대해 크게 영향을 받지 않는다고 주장하였다. 오히려 역사가 짧은 교회가 사회봉사에 더 많은 비율의 재원을 지출하고 있는 것으로 나타났다.

김주연(2000)[153]은 교회의 설립연한에 따라 교회의 사회복지활동에 차이가 있다고 지적하였다.

김진상(2005)[154]은 교인 수가 많은 교회일수록 다양한 자원을 동원하기 쉽기 때문에 사회복지활동이 활발하다고 주장하였다.

민경원(1998)[155]은 소규모 교회들은 서로 연합하여 사회복지를

---

151) 김진상, "교회의 지역사회복지활동 활성화에 영향을 미치는 요인에 관한 연구", (석사학위논문: 연세대 행정대학원, 2005).

152) 최순남, "디아코니아를 통한 선교적 과제", 『한신논문집』, (한신대학교, 1996).

153) 김주연, 전게서.

154) 김진상, 전게서.

155) 민경원, 전게서.

실시할 때 효율적이며 활발한 사회복지활동을 기대할 수 있다고 주장하였다. 교세가 적은 교회들은 상대적으로 인적 자원뿐만 아니라 부대시설, 재정 등도 열악함으로 사회복지활동을 활발하게 전개하는 데 어려움을 지적하였다. 특히, 농어촌에는 노인, 빈민, 장애인 등 도시에 비해서 사회복지를 필요로 하는 인구비율이 상대적으로 더 높은데도 불구하고, 도시지역에 소재한 교회에 비해서 인적, 재정, 시설 자원이 부족하기 때문에 사회복지활동을 활발히 하는 데 어려움을 겪고 있다고 주장하였다.

그러나 교세 자체보다는 목회자와 교인의 사회복지에 대한 인식과 태도가 더 근본적인 영향을 준다고 지적하였다. 또한 교회의 시설과 인력의 과다가 아니라 이에 대한 인식이 사회복지활동의 활발성에 영향을 미친다고 주장하였다.

김진상(2005)[156]은 목회자뿐 아니라 교인의 사회복지에 대한 인식이나 호응도 중요하다고 하였다. 사회복지에 대한 교인의 인식과 호응도가 높아야 교회의 사회복지활동이 활발할 수 있다고 주장하였다.

김주연(2000)[157]는 교회의 사회복지활동 활성화를 위해서 사회복지를 전문적으로 이끌 지도자나 조직이 필요하다고 지적하고 있다. 교회에서 사회복지를 누가 담당하는가가 매우 중요하다고 할 수 있다. 왜냐하면 사회복지에 대한 전문적인 지식이 없는 사람이 사회복지를 담당하게 되면 체계성과 효율성이 떨어지기 때문이다. 교회의 자원봉사의 경우에 자원봉사자에 대한 관리, 교육 및 훈련을

---

156) 김진상, 전게서.
157) 김주연, 전게서.

담당할 전문가가 없으면 자원봉사가 체계적으로 이루어지기 어렵다고 하겠다.[158] 자원봉사뿐만 아니라 다양한 사회복지활동을 전개함에 있어서 사회복지에 대한 교육을 받았거나 사회복지를 전공한 전문가가 담당하게 될 때 더 활성화될 수 있다는 것이다.

서선희(1996)[159]는 교회의 사회복지활동을 위한 시설을 지역주민들에게 개방하고, 지역사회에 기여할 때 교회의 사회복지활동이 활성화될 것이라고 주장하였다. 교회는 예배실, 교육관, 사무실, 식당, 회의실, 주차장 등을 보유하고 있고, 이 밖에 부대시설인 유치원이나 선교원 등이 있기 때문이다. 교회의 시설과 자원이 교인뿐만 아니라 비교인 주민들에게 개방될 때 교회에의 접근이 자유로울 것이다. 그 결과 교회에서 실시하는 다양한 복지활동을 이용하는 대상자가 증가할 것이며 이에 부응하는 여타 복지활동도 활성화될 수 있다는 것이다.

김동배(1994)[160]는 사회복지예산이 교회의 사회복지활동에 영향을 주는 것으로 지적되고 있다.

김성한(1998)[161]은 교회예산의 10% 정도만을 사회복지활동에 사용해도 3,000억 원에 이르는 규모가 되는데, 이는 1996년 우리나라 사회복지서비스에 지출된 액수인 3,698억 원에 가까운 규모라고 지적하였다.

---

158) 김미숙 외 2인, "자원봉사센터의 현황과 효율적 운영방안", (한국보건사회연구원, 1998).

159) 서선희, "한국교회 사회복지정책의 활성화에 관한 연구", (석사학위논문: 단국대 행정대학원, 1996).

160) 김동배, "교회 사회봉사 사업의 실태", 1994.

161) 김성한, "사회복지에 대한 이해", 한림대 사회복지연구소 편, 『복지국가 위기와 사회정책의 전망』, (서울: 한울아카데미, 1998), pp.82 - 107.

그런데 이삼열((1992)[162])에 의하면 교회예산 중에서 사회복지활동으로 사용되는 비율은 전체의 10% 이하인 평균 약 6~7%에 불과하다고 주장하였다. 이로 인하여 개신교회는 교회 재정을 주로 개(個)교회 확장이나 교회성장에만 투입하고 사회문제에 대하여는 도외시한다는 비난을 받고 있다. 예산의 일정비율을 이웃을 위한 봉사에 사용할 때 교회의 사회복지활동은 활성화될 수 있을 것이다.

민경원(1998)[163]은 교회 간의 연합과 교회와 지역공공 및 민간단체와의 연합의 중요성을 지적하고 있다. 우리나라의 교회들은 대부분 개교회 중심으로 사회복지활동을 전개하였는데, 사회복지활동이 효과적이기 위해서는 교회가 연합적으로 사업을 추진하는 것이 바람직하다고 주장하였다. 교회 간의 연합뿐 아니라 지역사회 내의 사회복지기관이나 공공기관과 연합할 때 주민의 교회의 시설 이용문제나 교육 프로그램 등도 용이하게 조정될 수 있을 것이다.

3. 지역사회 요인

지역사회 요인은 교회의 사회복지참여에 필요한 요소를 가지고 있다. 교회의 사회복지참여에 영향을 미치는 요인으로는 지역사회 문제의 심각성과 인구사회학적 특성 그리고 지리, 경제적 특성 등으로 보이고 있다.

지역사회요인에 대해서 유장춘[164]은 지역사회문제가 심각할수록

---

162) 이삼열 편, 『사회봉사의 신학과 실천』, (서울: 도서출판 한울, 1992).
163) 민경원, 전게서.
164) 유장춘, 전게서.

목회자의 사회복지인식이 높아지는 것으로 지적했다.

또한 곽효문[165]은 교회사회복지를 지역사회의 제도와 연계하여 만들어진 상호관계를 통합, 조정시켜 나가는 기능이라고 주장했다.

한편 박종삼[166]은 교회사회복지를 지역사회 안에서 이루어지는 교회의 본질적이고 핵심적인 특성이라고 강조하고 있다.

이상에서 고찰한 선행연구들을 종합해 보면 교회의 사회복지참여에 영향을 주는 요인을 다음과 같이 정리할 수 있다.

첫째, 독립변수인 교회지도자의 요인 중 목회자의 연령, 목회경력, 사회복지관련 과목을 수강한 경험, 목회자의 사회복지에 대한 인식, 사회복지관련 설교횟수, 자원봉사 권장 정도 등이 교회의 사회복지활동에 유의미한 요인으로 나타났다.

둘째, 교회자원 요인 중 교회설립연한, 교인 수, 교인의 사회복지에 대한 인식, 사회복지 전문가와 전문기구의 유무, 사회복지예산, 시설, 교회 간의 연합, 타 기관과의 연계 등이 교회의 사회복지활동에 영향을 주는 유의미한 요인으로 나타났다.

셋째, 통제변수인 지역사회 요인 중 지역사회문제의 심각성과 인구사회학적 특성 그리고 지리, 경제적 특성 등이 교회의 사회복지참여에 유의미한 요인으로 나타났다.

따라서 본 연구는 교회지도자와 교회자원 그리고 지역사회 변인으로 세분하여 교회의 사회복지참여에 영향을 미치는 요인에 초점을 두고 이를 실증적으로 조사분석하고자 한다.

---

165) 곽효문 편, 『기독교 사회복지론』, (서울: 제일 법규, 2000).
166) 박종삼, "지역사회복지 실천과 교회의 역할", 『우원사상논총』, 제7집, 강남대학교, 1999.

제3장 기독교대한성결교회의
사회복지 실태

제1절 기독교대한성결교회의 사회복지 역사

1. 초창기: 초기 성결교회의 교회사회복지참여에 대한 반목

기독교대한성결교회는 1907년 5월 일본 유학을 마치고 귀국한 김상준과 정빈의 열정적인 직접전도로 창립되었다.[167] 따라서 그 영향을 받은 초기성결교회 대다수 교역자들은 직접전도만을 고수하게 되었다. 그러나 1920년대 한국교회는 미국에 유학을 다녀 온 사람들을 중심으로 사회복음이 강하게 대두되었다. 일부 기독교인들은 이것이 사회주의가 강력하게 등장하는 한국사회에서 기독교의 적절한 대응이 될 수 있다고 판단하였다. 이러한 맥락에서 1920년대와 1930년대에는 소위 개량운동, 즉 농촌계몽운동, 문맹퇴치운동이 한국교회 내에 높은 파도를 일으켰다. 많은 개신교인들은 이 개량운동에 참여하게 되었다. 특히 기독교 청년회(Young Men's Christian Association: YMCA), 기독교 여자청년회(Young Women's Christian Association: YWCA), 장로교, 감리교가 적극적으로 활동하였다.[168] 이러한 상황에서 가장 많이 회자된 단어가 '사회화'라고 할 수 있다. 기독교의 신앙이 개인의 신앙에서 머물지 말고 사회 속으로 들

---

167) 안수훈, 『한국 성결교회 성장사』, (기독교미주성결교회 출판부, 1981), p.93.
168) 한국기독교역사연구소, 『한국기독교의 역사Ⅱ』, (서울: 기독교문사, 1991), pp. 223 – 230.
169 주간, "임신년의 교훈 — 사회화냐 기독화냐 —", 『활천』, (1932년 3월호), p.3.

어가야 한다는 것이다. 이것이 1920년대 후반과 1930년대 초 한국 교회와 성결교회가 처해 있던 상황이라 할 수 있다.

초기 성결교회는 이러한 시대적 흐름을 반대하고 기독교의 사회화를 강하게 비판하였다. "교회가 사회화되지 못하여 사회를 지배치 못하고, 사회에 대하여 신용이 없는 것이 아니라는 것이다. 너무나 사회화되어서 걱정이다."라는 것이다. 따라서 교회가 사회화되는 것을 걱정할 것이 아니라 교회가 사회를 교화시키고, 영화(靈化)시킬 것을 연구해야 한다는 것이다.[169]

사실 초기 성결교회는 교회의 본질적인 사명이 세상을 구원함이 아니라 개인의 영혼을 구원함에 있다고 믿었다. 따라서 교회가 이런 표준에서 벗어나 사회를 개량하느니 구제하느니 하면서 사회운동에 뛰어드는 것은 분수 밖의 일이라고 생각하였다. 그러한 것들은 교회의 속화(俗化)를 가져와 구령의 사명을 약화시키게 된다고 믿었기 때문이었다. 즉 초기 성결교회는 사회의 개량은 개개인이 구원을 받음으로 이루어지는 것이며, 사회가 개량됨으로 사람의 영혼이 구원받는 것은 아니라고 믿었던 것이다. 그래서 교단의 사부인 이명직 목사는 '겉껍데기의 소동'과 같은 사회운동이나 사회봉사를 중단하고, 직접적인 구령운동에 집중해야 한다고 주장하였다. 그것이야말로 교회를 위해서나 영혼을 위해서나 또는 사회를 위해서 참행복을 주는 일이라는 것이었다.[170]

이명직이 각종 기관을 통한 사회선교나 각종 사회운동에 대해 비평적인 태도를 보였던 배경에는 재림사상이 자리하고 있었다. 이

---

169) 주간, "임신년의 교훈 ─ 사회화냐 기독화냐 ─", 『활천』, (1932년 3월호), p.3.
170) 이명직, "교회와 사회", 『활천』, (1927년 8월호), p.55.

에 대해 이명직은 "20세기에 당한 우리는 더욱 구령주의에 철저해야 할 것이다. 왜냐하면 우리 주 예수의 재림이 가깝기 때문이다. ……간접전도에 금전을 낭비할 필요가 없다. 속히 직접전도에 매진하지 않으면 안 될 것이라고 주장하였다."171)

그는 또한 말세교회는 구령열이 식어질 것이라고 예언하면서 이런 현상을 경고하였다. 즉 "말세교회의 교역자들은 아무런 주관이 없이 농촌사업, 사상단체, 이러한 데는 참가하여 금전과 시간을 허비하며 왔다 갔다 분주히 지내며 큰 사업이나 하는 듯이, 무슨 명예나 면류관을 받을 듯이 덤비되 일절 전도운동은 없게 될 것이다."172) 이명직은 교회가 온전히 복음을 전하지 않고, 간접적으로 전하는 것은 교회의 본래의 사명을 제대로 감당하지 못하기 때문이라고 판단하였던 것이다.

그 배경은 요한 웨슬레의 신학을 교단 신앙의 근간으로 삼고 있으면서도 개인구원만을 강조한 데 있었다. 그러나 온전한 구원을 외쳤던 웨슬레의 사회적 성결과 교회의 사회적 책임을 통감한 성결교회도 지역사회의 아픔에 동참하는 교회의 사회복지참여를 외면할 수 없게 될 것이다.

2. 조직기: 해방 후 성결교회의 교회사회복지참여와 분열

해방 이전 성결교회는 장로교나 감리교와는 달리 직접전도에 주

---

171) 주간, "구령주의로 돌진", 『활천』, (1932년 4월호), pp.2 – 3; 이명직, "그리스도교회의 장래(2)", 『활천』, (1931년 7월호), p.3.
172) 이명직, "그리스도교회의 장래(2)", p.3.

력해 왔기 때문에 기독교학교, 병원, 사회사업기관들이 거의 전무할 수밖에 없었다. 그러나 해방이 되면서 성결교회도 교육 및 각종 사회사업에 관심을 갖기 시작했다. 성결교회는 1948년 학생 400명 규모의 인천영화초급학교를 교단에서 인수하기로 하면서 교육복지에 처음으로 문호를 개방했다.[173] 뒤이어 균명중고등학교의 김영순 장로, 경기도 여주의 대신실업고등학교의 임세홍 장로, 전라남도 광주의 숭의실업고등학교의 김신근 목사 등 교단 소속 지도자들에 의해 교육복지의 문이 더욱 넓어졌던 것이다.[174]

또한 성결교회는 각종 사회사업에도 문호를 개방했다. 영생양로원의 신생부인회, 성육원의 이종문 장로, 원주성대원의 원홍묵 장로 등 각종 사회사업기관들이 교단 소속 기관이나 신자들에 의해 개원되면서 활발하게 확대되었다.[175] 이것은 성결교회가 교육 및 사회사업에서 전성기를 맞는 기반이 되었던 것이다.

그러나 그 이면에는 정체성에 대한 갈등 또한 깊이 자리하고 있었다. 그 결과 기성 측과 예성 측으로 성결교회가 분열되었다. 즉 성결교회가 초기부터 자신들의 본질적 사명으로 인식해 왔던 직접전도를 강조하는 노선과 해방 이후 새롭게 대두된 간접전도 또한 중시하려는 노선 사이에 갈등이 빚어졌던 것이다. 이에 대해 이탈해 나간 예성 측 「활천」에는 성결교회 창설자들은 진실한 순복음의 하나님의 종들이라는 사실은 누구나 공인하는 바이다. 그들은 오늘과 같이 교회가 부패하고 타락할 줄 알았음인지 교회나 교역

---

173) 『임시총회회의록』, (1948, 4), p.4.

174) 이천영, 『성결교회사』, (서울: 기독교대한성결교회출판부, 1970), pp.133 – 136.

175) 『제4회 총회회의록』, (1949년), p.16; p20.

자 자신이 사회사업이나 교육사업 같은 간접전도를 배격하고 어디까지나 복음에만 충성하고 영혼을 구원하는 데만 열중하였다. "앞으로 우리는 교회 교역자 자체가 복음 이외에 교회부패의 원인이 되는 사회사업과 기타 속무(俗務)에 종사하는 것을 배격한다. 비성서적 성경해석과 속화주의와 주창을 배격하고 선인들이 주창하든 사중복음을 살려서 그대로 가르치고 믿는다."[176]라고 주장하였던 것이다.

한마디로 사회사업 등과 관련된 간접전도가 분열의 원인이 되었다는 것이다. 물론 간접전도 그 자체에 문제가 있다는 것은 아니다. 그것이 교회의 속화와 부패 그리고 타락의 원인이 되었다는 것이다. 그리고 그 조짐은 해방과 함께 찾아왔다고 생각했다. 때문에 이탈해 나간 예성측은 해방 이후 성결교회의 역사를 부정과 부패로 일관된 타락기로 규정했다.[177] 실제로 성결교회의 역사에서 이때만큼 동양선교회의 창립자들인 찰스 카우만이나 이 에이 길보른의 정신이 강조된 적은 없었다고 할 수 있다.

성결교회는 초기부터 직접전도를 자신들의 본질적 사명으로 인식해 왔다. 따라서 성결교회는 사회운동이나 사회사업 등에 대해 매우 소극적이었다. 물론 성결교회가 사회활동이나 사회사업 자체를 부정한 것은 아니었다. 그보다 "더 큰 유일의 사명은 주의 복음을 힘써 전파하여 죄악 중에 사는 인류를 구원하여 내는 일"이라고 생각했다. 그래서 성결교회는 만일 자신들이 "이 사명을 다 행치 못하면 교회란 존재는 그 가치와 의미가 없는 것이다."라고

---

176) 김응조, "성결교회의 진로", 『활천』, 제1집(1962년 4월호), pp.5 – 6.
177) 김응조, "성결교회의 진로", p.5.

생각할 정도였다.[178)

   그런데 해방 후 성결교회는 교육 및 사회사업 등에도 적극적으로 진출하기 시작했었다. 그동안 직접전도에 집중했던 선교정책을 간접전도의 영역까지 확장되었던 것이다. 물론 여기에는 해방과 함께 일본인이 운영하던 각종 학교와 고아원 등의 적산도 중요한 역할을 했었다. 기독교성결교회 발행 잡지인 『활천』에 다음과 같이 피력하고 있었다. 해방 이후 우리 단체는 양적으로 움직였다. 신학교가 그러했고 단체가 그러했고 개교회가 그러했다. 6·25 이후에는 선교부가 더욱 그러했다. 우리들도 여기에 보조를 맞추었다. 물론 교육사업의 부흥이요 사회사업의 부흥이요 구호사업의 부흥이다. 민족을 생각하여 고마운 일이요 국가를 생각하여 경하할 일이다.[179) 이렇게 시작된 성결교회의 간접전도는 한국전쟁과 전후복구기를 거치면서 더욱 확대되었다.

   이러한 간접선교의 부흥에는 미국교회를 비롯해 세계 각국 교회에서 보내 온 막대한 양의 구호물자가 큰 힘이 되었다. 이러한 구호물자들은 한국교회협의회(NCC)계의 기독교 세계봉사회(CWS)나 복음주의연합회(NAE)계의 세계구호위원회(WRC), 그리고 초교파적 단체인 선명회 등을 통해 분배되었다. 이들 기관은 성결교회와 매우 특별한 관계에 있었다. 김창근 목사는 1951년에 기독교 세계봉사회의 한국위원장을 맡아 전재민 구호사업에 힘을 썼으며,[180) 동양선교회의 길보른은 세계구호위원회의 한국 대표 및 선명회의 특

---

178) 이준수, "기독교회의 사명", 『활천』, (1940년 7월호), pp.8 – 12.

179) 편집실, "교계단상", 『활천』, (1954년 8/9월호), pp.45 – 46.

180) 김창근, 『불붙는 가시덤불』, (서울: 성광문화사, 1977), pp.429 – 430.

별 연락관이었다.[181] 이후 김창근 목사는 서울 상도동에 헤브론 맹아원을 설립하고 길거리에 버려진 맹아들을 모아 양육하는 한편, 전쟁혼혈아들을 모아 500여 명의 어린이들을 미국에 입양하는 일을 하기도 했다.[182] 이러한 관계로 성결교회는 보다 많은 구호물자를 공급받을 수 있었던 것으로 보인다. 특히 동양선교회의 지원은 막대했다. 동양선교회는 글자 그대로 성결교회의 수원지와 같았으며, 성결교회의 간접전도를 가능케 하는 주요 원천이었다.

그러나 각종 사회사업을 비롯한 간접전도의 부흥은 성결교회 내에서 갈등을 야기했다. 그동안 성결교회가 강조해 왔던 직접전도의 전통이 위협받는다고 생각되었기 때문이다. 물론 간접전도의 부흥은 전쟁이 만들어 낸 특수상황에서 일어난 것이지만, 간접전도가 직접전도를 대체하는 역전현상이 나타나기 시작한 것이다. 이러한 상황에서 이명직 목사는 성결교회의 본래적 사명에 대해 우리의 사명은 중생, 성결, 신유, 재림의 복음을 전하여야 되겠다는 사명감에 불타서 일어난 것이었다. 그래서 교육기관이나 의료기관이나 무슨 자선기관을 세워 가지고 간접전도로 출발하지 않고 성서학원을 설립하고 각 방면에서 지원자를 모집하여 복음의 투사를 양성하여 전투하여 온 것이다. 우리는 이 사명을 망각하여서는 아니 될 것이다. 그러므로 우리 성결교회는 목회본위의 교회가 아니요 전도본위의 교회라는 것을 기억하여야 될 것이다. 그러므로 모든 것이 변하여도 우리의 사명은 불변인 것이[183]라고 주장하였다.

---

181) 『제14회 총회회의록』, (기독교대한성결교회 총회, 1959년), p.46.

182) 김창근, 『불붙는 가시덤불』, pp.429 – 430.

183) 이명직, "우리의 사명", 『활천』, (1953년 11월호), p.1.

한마디로 성결교회의 사명은 간접전도가 아니라 직접전도에 있다는 것이다. 따라서 성결교회는 전도본위의 교회정신을 견지해야 한다는 것이다.

더구나 당시 한국교계는 사회사업과 관련된 각종의 스캔들에 휘말리고 있었다. 당시 유행하던 말 중에 하나가 '고아원밖에 해먹을 것이 없다.'는 것이었다. 그리고 사회사업은 단지 명목에 불과하고, 그것을 방편으로 사리사욕을 채우는 사례들도 빈번했다.[184] 많은 교역자들 또한 목회와 구령에 힘쓰기보다는 사회사업에 빠져 교회를 방치하거나, 그로 인해 물질적인 스캔들에 휘말리기도 했다. 이에 따라 자연히 사회사업에 대해 신중을 기할 것을 요청하는 목소리들이 쏟아져 나오기 시작했다.

그러나 성결교회의 사회사업은 계속 발전되어 갔다. 이것은 1954년 9월 30일부터 10월 2일까지 3일간 성결교회에 속한 사회사업 대표들이 무교동 중앙교회에 모여 제1회 사회사업자대회를 개최한 것에서도 알 수 있다. 여기에는 모두 21개의 시설이 참여했는데,[185] 이는 사회사업에 대한 성결교회 내의 열기를 보여 준다고 할 수 있다. 하지만 여기에 대한 비판이 1955년 제10회 총회에서 제기되었다. 경남지방회장 안창기 목사는 성결교회는 과거나 현재나 미래나 사회사업이 아닌 순복음운동에 치중하는 선교방침을 마련하자고 제안했던 것이다. 그러나 본 안건은 토의에 회부되었다가 기각되었다.[186] 그런데 이 총회에 제안된 기독교대한성결교회

---

184) 이명직, "자선사업에 대하여", 『활천』, (1954년 6월호), p.2.

185) "공고: 제1회 사회사업자 대회", 『활천』, (1954년 10월호), p.54.

186) 『제10회 총회의사록』, (기독교대한성결교회 총회, 1955년), p.49.

사회사업협회 인준의 건은 결의되었다.[187] 이는 당시 사회사업문제 등으로 인해 교단 내에 대두되던 심상치 않는 분위기를 잘 보여주는 사례라고 할 수 있다.

또한 이명직 목사는 『활천』에 성결교회가 사회사업을 하지 말아야 할 이유를 다음과 같이 제시했다. "사회사업은 우리 총회가 신중히 고려치 않으면 아니 될 것이다. 왜 그런가 하면 우리 성결교회의 독특한 사명은 직접전도이다. 이것은 타 교파들에 비교하여 특색이라고 볼 수 있는 점이다. 그런데 근일에 와서는 우리 성결교회 총회도 무던히 사회사업 방면에 착안, 착수하는 모양인데 이 사업은 우리 성결교회의 본래의 사명이 아니니 이러한 사업에 주력하고자 하는 것은 우리의 사명을 망각한 데서 생긴 일인 줄로 믿는다."[188] 여기서 그가 강조하는 것은 성결교회의 본래적 사명이 무엇인가 하는 점이다.[189]

한마디로 성결교회의 독특한 사명은 직접전도인데, 그 본래의 사명을 망각하면서 사회사업이 생겨났다는 것이다. 또한 동양선교회도 이러한 맥락에서 사회사업은 하지 않는다는 것이다. 최근 동양선교회가 사회사업기관에 도와주는 것은 자신들의 재정이 아니라 개개인의 희사금을 전달해 주는 것에 지나지 않는다는 것이다.[190]

---

187) 『제10회 총회의사록』, p.59.

188) 이명직, "성결교회와 사회사업", p.1.

189) 여기서 이명직 목사는 총회차원의 사회사업을 반대하는 이유로 7가지를 제시하고 있다. 첫째, 우리 성결교회의 특수한 사명은 직접전도이다. 둘째, 그러한 사업기관이 총회 산하에 있다는 것은 허명무실하기 때문이다. 셋째, 목사들이 그러한 일에 간섭을 하며 책임을 지는 것은 불가하기 때문이다. 넷째, 동양선교회에서 이러한 사업을 안 한다고 증명하였다. 다섯째, 각 기관을 총회 산하에 두는 것은 아무런 유익이 없다. 여섯째, 사회사업은 장로나 집사 등 개인에게 장려하고 목사는 손을 떼는 것이 좋다. 일곱째, 직접전도의 사명을 완수하는 데 장애가 된다. 이명직, "성결교회와 사회사업", 『활천』, (1955년 12월 성탄/신년 합호), pp.1 – 2.

이러한 분위기를 반영하여 열린 재흥 1956년 제11회 총회에서
는 그해의 표어를 '정화와 부흥'으로 정하고, 교역자 및 성직 정화
를 위해 몇몇 법안들을 결의했다. 그것은 다음과 같이 교역자로서
직접 성직 외에 정치, 교육, 사회사업에 겸직할 수 없도록 규정하
였다. 첫째, 교역자는 본 직분에 타 직분이나 명분을 갖지 못한다.
본 건은 헌법 110조에 목사는 타 직업을 겸할 수 없다고 명시되었
으니 만일 겸직하는 자에게는 해 지방회에서 권고하여 정당한 처
리를 하기로 한다. 둘째, 성결교회 교역자는 정당 그리고 사회단체
에 참가하거나 정치운동에 참여하지 못한다. 본 건은 헌법 108조
에 교역자의 행할 의무가 명시되었으므로 만일 그런 교역자가 있
으면 해 지방회에서 충고하여 금지케 할 것이다.[191]

　제11회 총회의사록에 의하면 목사 직분 외에 겸직이 불가능한
직업으로는 사회사업기관인 고아원, 모자원, 맹아원, 양로원, 학사,
일반 사회학교의 교장 및 교사, 그리고 기독교 각 기관인 한국교
회협의회, 복음주의연합회, 기독교세계봉사회, 기독교청년회, 기독
교여자청년회, 선교부 등이다.[192] 물론 이러한 규정은 교역자 중에
성직 외에 속무(俗務)에 관계하여 한 몸으로 두 사역을 함으로써
교회를 속화되게 하는 일이 많아 그것을 정화시키기 위해 결의한
것이었다.[193] 그러나 정화운동은 별 효과를 거두지 못했다. 농촌지
역의 교역자들을 제외하고는 여기에 저촉되지 않는 자들이 별로

---

190) 이명직, "성결교회와 사회사업", p.2.
191) 『제11회 총회의사록』, (1956년), p.57.
192) 상게서.
193) 김응조, "금년 총회의 신 사항", 『활천』, (1956년 5월호), p.44; 김응조, "정화와 부
　　흥", 『활천』, (1956년 6월호), pp.3 – 4.

없었기 때문이다. 도시지역 또는 지도급 인사들은 각종 관련 단체에 복잡하게 연결되어 있었던 것이다.[194]

오히려 성결교회에 속한 사회사업기관들은 1956년 5월 22일자로 보건사회부 장관의 인가를 받아 사회사업유지재단을 설립할 수 있었다. 그 당시 규모는 20개 시설에 재산총액 52,048,150환이었다.[195]

이러한 사회사업기관의 배후에는 각 구호단체를 통하여 들어오는 막대한 양의 구호물자가 있었다. 사실 성결교회나 동양선교회가 쉽게 한국교회협의회를 탈퇴하지 못했던 이유 가운데 하나가 구호물자에 있었다.[196] 그러나 한국에 반입되는 구호물자의 90%가 미국 교회협의회와 관련된 기관들을 통해 들어왔다는 사실을 고려할 때, 한국교회협의회에서의 탈퇴가 그렇게 쉽게 용단을 내릴 수 있는 문제는 아니었음을 알 수 있다. 더구나 미국 북장로교선교부는 이미 1954년 7월에 한국에 극동총무를 보내어 대한예수교대한장로회 측에 "에큐메니칼 정신에 배치되는 어떤 사업도 원조하지 말 것"이란 하나의 선교방침을 세운 상태였다.[197] 그뿐 아니라 당시만 하더라도 헐벗고 굶주린 신자들이 그나마 각종 구호물자로 간신히 생계를 유지하고 있는 형편이었다. 그만큼 각 선교부의 구호물자는 막강한 영향력을 갖고 있었다.

이러한 상황에서 성결교회 내에서는 무엇보다도 자립정신의 배

---

194) 김응조, 『황야의 과객』, (서울: 성청사, 1968), p.267.

195) 『제12회 총회의사록』, (1957년), p.35.

196) 김응조, 『황야의 과객』, pp.290 – 291.

197) 이러한 선교방침은 이미 예장측이 에큐메니칼운동에 대한 반대노선을 표명한 상태에서 나온 것이다. 이로 인하여 이후 에큐메니칼운동과 관련된 한국교회의 분열에 있어서 선교부의 달러가 매우 중요한 요인으로 작용하게 된다. 조동진, "에큐메니칼 교회의 방향", 「기독공보」(1956년 10월 22일자) 1면.

양을 촉구하는 소리가 높아지기 시작했다. 물론 자립은 성결교회의 오랜 숙원과제였지만, 전시와 이후 복구과정에서 한국교회의 자립정신은 거의 말살되다시피 하였다. 예를 들면, 1959년 총회 때 총회본부 예산이 4,304,100환으로 책정되었는데, 그해 9월 25일까지 수납된 액수는 13.34%에 불과한 569,950환이었다. 그 결과 총회본부의 운영마저 극심한 어려움을 겪을 정도였다.[198] 그러나 구호물자와 밀접하게 관련되어 있던 사회사업이 교회의 속화와 부패의 주범으로 지목되면서, 자립운동은 다시 힘을 얻기 시작했다.

그러나 『활천』에서는 "6·25동란 이래 전재교회(戰災敎會)가 전화(戰禍)신도를 구호한다는 명목으로 물자원조를 받은 것이 일시적 도움이 안 된 것은 아니나 이로 말미암아 자립성이 다 말살되고만 것만은 사실이다. 성전건축도 교역자 생활유지도 선교부나 총회본부를 의뢰하려고 한다. ……희년을 지내고 제2희년으로 발족하는 우리는 무엇보다 독립성을 완전히 살려야 할 것이다. 외국원조로 연와건물을 짓는 것보다 자력으로 초가 예배당 건축하는 것이 부흥이요 외국원조로 유족한 생활하는 것보다 자급자족으로 청빈한 생활하는 데서 부흥이 올 것이다."[199]라고 말하고 있었다.

이러한 자립의 문제는 1959년 총회를 전후하여 한국교회협의회와 복음주의협의회의 탈퇴문제와 함께 성결교회에서 가장 중요한 화두가 되었다. 총회를 마친 후 오영필 목사는 전국교회에 보내는 일종의 목회서신에서 다음과 같이 촉구하였었다. "우리도 신앙으로 일어서야 한다. 구호물자 받는 것이 점점 못살게 되는 장본이요,

---

198) "뉴-스: 총회본부에서의 요망", 『활천』, (1959년 10월호), p.49.
199) "사설: 자립정신의 고취", 『활천』, (1958년 9월호), pp.1-2.

우유죽 쑤어 주는 것이 걸인양성의 결과가 될 것이다. 무슨 까닭이냐 남의 도움을 받음으로 자립정신이 좀먹어 가고 독립 혼이 죽어버 리기 때문이다. ……기독교회가 역시 자립정신을 잃고 구제물품에 좌우되고 달러의 지배를 받는다면 이는 두말할 것 없이 부패다. 속화이다. 우리는 하루바삐 깨어서 신앙으로 일어서야 한다. 기도의 불이 붙어야 한다."[200]

여기서 자립정신의 강조는 선교부 자금과 구호물품에 대한 비판으로 이어지고 있음을 알 수 있다. 이것은 당시 세계교회협의회(WCC)의 에큐메니칼운동을 반대하던 한국교회 보수 측의 일반적인 입장이기도 했다. 미국 교회협의회와 연계된 주한선교부들이 달러를 가지고 '하나된 교회'를 강요하려고 한다는 인식이 한국교회의 보수 측 인사들에게 팽배했던 것이다. 따라서 이명직 목사는 자유주의 신학을 중심으로 하는 세계교회협의회의 에큐메니칼운동을 강력하게 반대하면서 다음과 같이 역설했던 것이다. 하나의 교회에 가입하지 않으면 선교비 받는 데 지장이 된다 하여도 좋다. 신앙을 팔아먹지 않으련다. 고립도 좋다. 독보독행하련다. 하나님과 동행하련다. 만일 각 교파가 에큐메니칼운동에 가담된다면 에큐메니칼신학이 생길 것은 명약관화한 일이다. 그러한 신학은 성서는 하나님의 말씀을 부정하는 신학이 될 것이다. ……좁은 것도 좋다. 구식도 좋고 무식도 좋다. 우리는 구령사업에 매진하련다.[201]

여기서 우리는 선교비 문제가 교단분열과 밀착되고 있는 모습을 발견할 수 있다. 즉 한국전쟁의 와중에 반입되기 시작한 구호물자

200) 오영필 총회장, "제14회 총회를 지내고", 『활천』, (1959년 5/6월호), p.4.
201) 이명직, "화목과 타협", p.2.

는 사회사업과 같은 간접전도의 부흥을 가져왔고, 이는 결국 직접 전도를 강조하는 성결교회의 정체성에 혼란을 초래하였다. 그런데 보다 중요한 것은 그러한 사회사업자금의 배후에는 미국 교회협의 회와 세계교회협의회가 있다는 것이다. 따라서 신앙을 팔면서까지 선교비를 받을 수는 없다는 것이다.

그러나 이미 성결교회의 사회사업은 포기할 수 없을 정도로 규모가 커져 버린 상태였다. 비록 동양선교회가 사회사업은 성결교회의 독자적인 사업이라고 선언하기는 했지만 사회사업을 비롯한 간접전도의 부흥에는 그들의 영향이 지대했다. 동양선교회는 성결교회로 반입되던 구호물자의 가장 중요한 통로였기 때문이다.202) 이러한 상황에서 사회사업자금의 중요한 원천이던 한국교회협의회에서 탈퇴한다는 것은 쉬운 일이 아니었다. 더구나 그때까지는 동양선교회도 세계교회협의회에서 탈퇴하지 않은 상황이었다.

그러던 차에 동양선교회가 1959년 총회에서 성결교회의 교단명칭을 복음교회로 변경해 줄 것을 제안했다.203) 성결교회의 간판을 가지고는 모금이 잘 되지 않는다는 것이 그 이유였다. 물론 이 제안이 완강한 반대에 부딪쳐 1년간 보류되기는 했지만, 그것은 사회사업 등으로 인해 성결교회의 정체성이 심각하게 훼손되었다고 생각하던 사람들에게는 커다란 충격이었다. 그들에게 그것은 동양선교회가 신앙주의를 버리고 물질주의로 전락한 모습으로 비춰졌기 때문이다. 이러한 맥락에서 1959년 총회 이후 복음주의협의회와 한국교회협의회의 동시탈퇴 문제는 점점 힘을 얻게 되었고 교

---

202) 『제14회 총회의사록』, (1959년), p.48; 『제15회 총회의사록』, (1960년), p.48.
203) 『제14회 총회의사록』, (1959년), pp.89 - 90.

단은 분열의 소용돌이 속으로 빠져 들어가게 되었다.

3. 사업기: 6·25 이후 성결교회의 사회복지참여와 외원단체

한국전쟁 발발을 전후해서 시작된 세계의 한국원조는 휴전협정 이후에도 계속되었다. 세계 곳곳에서 보내오는 구호물자들은 전쟁이 남기고 간 파멸의 구렁텅이에서도 딛고 일어설 수 있는 마지막 희망을 제공해 주었다. 전쟁은 많은 사회문제를 야기했다. 군인들뿐만 아니라 무고한 양민들이 목숨을 잃거나 부상당하는 일들이 비일비재했다. 부모와 가족을 잃은 어린 고아들이 거리를 헤매고, 남편을 잃은 수많은 부녀자들, 전쟁의 포탄에 신체의 일부를 잃어버린 상이군인들과 일반 장애인들, 그 외에도 삶의 터전을 잃고 굶주림에 시달리는 수많은 전쟁 난민들의 문제 등 사회문제는 헤아릴 수 없을 정도로 많았다.[204] 한 조사에 의하면, 1952년과 1953년도에 구호를 필요로 하는 자가 950여만 명에서 980여만 명으로 총인구의 거의 절반을 차지할 정도였다.[205] 이러한 참상 중에 50개가 넘는 외국 민간원조사업단체들이 내한하여 구호활동을 벌였다.

성결교회도 구호물자의 수혜자 가운데 하나였다. 성결교회는 동양선교회 외에도 선명회(World Vision), 세계구호위원회, 기독교세계봉사회 등을 통해 각종 구호물자를 공급받았다. 동양선교회는 특

---

204) 김흥수, 『한국전쟁과 기복신앙확산 연구』, (서울: 한국기독교역사연구소, 1999), pp.88 – 89.

205) 문인숙, "6·25동란과 구제활동에 대한 고찰", 『인석 장인협박사 정년퇴임기념논문집』, (1990), pp.15 – 16.

히 선명회와 세계구호위원회와 매우 긴밀한 관계에 있었기 때문에, 성결교회는 동양선교회를 통해 많은 구호물자를 공급받을 수 있었다. 한국전쟁을 전후해 성결교회가 교육사업 및 사회사업을 크게 확장할 수 있었던 것도 동양선교회를 통해 들어오는 수많은 구호물자의 공급이 있었기에 가능했던 것이다.206)

선명회는 미국 나사렛교회 출신의 젊은 전도자 피얼스(Pierce)에 의해 설립되었다. 1949년 9월 한국을 방문하여 인연을 맺기 시작한 밥 피얼스는 한국전쟁이 일어났다는 소식을 듣고 선명회를 설립했다.207) 크리스찬 다이제스트의 종군기자로 임명을 받고 다시 한국에 들어온 밥 피얼스는 전선을 누비며 '안식년의 사자', '38선'과 같은 전쟁영화를 제작하여 한국의 참상을 미국교회에 알렸다. 그리고 한국의 수많은 전쟁고아와 미망인들에 대한 긴급구호를 호소하여 많은 사람들의 호응을 얻었다. 드디어 1953년 5월에는 한국에 선명회 사무실을 마련하고 본격적인 구호사업을 시작하였다.208) 이후 선명회 사업은 전쟁미망인, 고아, 나환자 구호사업을 비롯하여 시각장애인, 농아, 의수족사업, 아동병원에 이르기까지 광범위했다.209) 선명회사업은 교파 구별 없이 기존교회나 선교부와 긴밀한 협력하에서 전개되었으나, 특히 선명회와 동양선교회 간의 관계는 매우 돈독했으며, 다음의 〈표 3 - 1〉과 같이 많은 구호금이 동양선교회로 지원되었다.210)

---

206) 서울신학대학교 성결교회역사연구소, 『한국성결교회 100년사』, (기독교대한성결교회 출판부, 2007), pp.72 - 83.

207) 민경배, 『선명회 한국 50년운동사』, (서울: 선명회, 2001), p.114.

208) Richard Gehman, 『너의 마음을 깨뜨리라』, 권명달 역 (서울: 보이스사, 1978), p.398.

209) 민경배, pp.149 - 200.

<표 3-1> 선명회의 동양선교회에 대한 원조 내역(1950 - 1958)

연도	1950	1951	1952	1953	1954	1955	1956	1957	1958	합계($)
금액	8,547	9,121	4,366	530	23,129	60,435	112,001	122,498	174,805	515,432

자료출처: 민경배, 『선명회 한국50년사』, (서울: 선명회, 2001), pp.617 - 627.

또한 구호물자와 관련해 성결교회와 긴밀한 관계를 가졌던 구호단체로는 세계구호위원회가 있다. 세계구호위원회는 1942년 미국에서 조직된 전국복음주의협회의 구호단체로, 한국전쟁 직후부터 동양선교회를 통해 한국교회에 구호를 시작했다. 이후 이 사업은 매우 활발하게 전개되었으며, 마침내 1958년 10월에는 세계구호위원회 한국지부를 조직하게 되었다.[211] 이 단체는 동양선교회와는 별개의 조직이었으나, 회장 엘마 길보른 선교사, 물자책임자 제이비 크라우스 선교사 등 동양선교회가 주도하였다. 그리고 한국 측 실무책임자는 고경환 장로였다.[212]

한국 세계구호위원회는 미국에서 동양선교회를 통해 보내오는 구호물자(밀가루·옥수수가루·분유·의복·약품 등)를 국내 탁아소·고아원·나환자수용소 등 사회사업기관에 배부하는 업무를 수행했다. 이뿐 아니라 세계구호위원회는 교회개척, 학교신설, 제방공사, 염전개발 등에도 지원하여 큰 성과를 거두었다. 그중 대표적인 예가 부산의 이사벨중·고등학교이다. 이것들은 이사벨 부인의 아름다운 헌신으로 탄생되었다. 이사벨 부인은 불치의 병으로 치료를 받다가 의사로부터 시한부인생을 선고받았다. 이에 이사벨 부인

---

210) 민경배, pp.617 - 627; Richard Gehman, pp.123 - 34; pp.141 - 152.

211) 이천영, 『성결교회사』, p.138.

212) 『기독교대백과사전』, 제9권 (서울: 기독교문사, 1983), p.375.

은 자신의 치료를 중단하고 그 치료비를 한국의 고아들을 돕는 데 사용하도록 세계구호위원회에 보냈다. 세계구호위원회는 이 기금으로 부산에 이사벨 고아원을 세웠으며, 그 안에 고아들을 위한 학교도 설립했던 것이다.[213)]

한편, 성결교회가 제공받은 구호물자와 관련해 기독교세계봉사회도 기억할 필요가 있다. 한때 미국 복음주의연합회에서 보내오는 구호품은 성결교회에 40%, 기독교세계봉사회에 60%가 분배되기도 했다.[214)] 기독교세계봉사회는 세계 각국에 대한 구호를 목적으로 1946년 미국에서 결성되었으며, 1950년 미국 교회협의회의 한 부서가 되었다. 한국에서는 1948년 프레이저 박사가 월남 피난민 구제를 위해 한국교회협의회의 사업으로 시작했다.[215)] 이후 1949년 4월 기독교세계봉사회 한국지부가 설립되어 감리교의 아펜젤러 선교사가 그 책임을 맡았다.[216)] 그러다가 한국전쟁이 한창이던 1951년 9월 각 교파의 대표들이 모여 기독교세계봉사회 한국위원회(KCWS)를 결성하면서 사역이 확장되기 시작했다.[217)]

기독교세계봉사회 한국위원회는 주로 전쟁 이재민에 대한 구호 활동이 목적이었으나 차츰 그 범위가 확장되었다. 한국전쟁으로 순직한 교역자의 미망인과 자녀들의 보호를 위한 미실회(美實會)사업, 직장여성(주로 미망인)을 위한 탁아소사업, 루벤 트레이 박사의

---

213) 서울신학대학교 성결교회역사연구소, 『한국성결교회 100년사』, (서울: 기독교대한성결교회 총회본부, 2007), p.460.

214) 『제8회 총회회의록』, (1953년), p.11.

215) 곽안전, 『한국교회사』, (서울: 대한기독교서회, 1973), p.232.

216) 『기독교대백과사전』, 제2권(서울: 기독교문사, 1981), p.1153.

217) Allen D. Clark, *A History of the Church in Korea*, (Seoul: The Christian Literature Society of Korea, 1986), p.271.

의수족사업, 피난민 구호소 보조, 결핵퇴치사업 등에 이르기까지 기독교세계봉사회 한국위원회의 구호 손길이 미치지 않는 곳이 없을 정도였다. 기독교세계봉사회 한국위원회의 사업실적은 이 단체가 한국교회와 사회에 끼쳤던 역할을 짐작게 해 준다. 예를 들어, 기독교세계봉사회 한국위원회는 1955년에는 우유 1천743톤, 식량 1천435톤으로 피난민 극빈자 21만3천600여 명, 고아 4만9천425명, 양로원 노인 1천954명, 모자원 모자 9천996명, 환자 1만72명, 문둥병자 2만438명, 극빈 대학생 2만2천521명, 성결구락부 아동 7만4천367명을 구호한 것으로 보고하였다.[218]

4. 성장기: 성결교회의 사회복지참여와 동양선교회의 지원

동양선교회의 지원 및 협조 또한 이 시기 성결교회의 성장에 크게 기여하였다. 해방이 되자 성결교회는 교회재건에 박차를 가하는 한편 동양선교회의 조속한 한국선교의 재기를 염원했다.[219] 이에 동양선교회 본부는 "그리스도를 위하여 고집부린 보배롭고 아름다운 민족에게" 매우 긍정적인 반응을 보이며 그 길을 모색했다.[220] 이후 간헐적으로 한국성결교회와 접촉을 하던 동양선교회는 6·25전쟁을 전후해 다시 한국선교를 시작했다. 물론 해방 후 동양선교회는 성결교회에 대해 일제시대와 같은 위치를 갖지는 않았다. 동

---

218) "인류애의 사도 토리박사 내한 환영", 「기독공보」(1952년 7월 14일자); "백만신도는 원호운동에 급선봉되라", 「기독공보」(1952년 9월 15일자); "기독교세계봉사회업적: 예수의 이름으로 구호물자 분배", 「기독공보」(1956년 11월 5일자).

219) "More Wonderful News Korea", *OAIAMS*(March, 1946), pp.4 - 5.

220) E. L. Kilbourne, "the Crisis of Christians in Korea", *OAIAMS*(July, 1946), pp.14 - 16

양선교회는 이제 성결교회는 독립적인 자치교회이며, 자신들은 성결교회의 협력자로 일한다는 것을 밝혔다.[221]

해방 이후 동양선교회의 한국 사역이 활성화된 것은 6·25전쟁을 전후해서이다. 1951년 9월 8일 부산에서 주한선교부를 재발족한 동양선교회는 피난 총회 사무비 보조 및 신학교 개교를 보조하며 후원을 시작했다. 이후 동양선교회는 교회설립 및 복구, 교역자의 생활, 총회 및 신학교운영, 십자군전도대를 비롯한 각종 전도활동, 문서전도, 후생 및 사회사업 등에 이르기까지 다각도로 성결교회를 지원했다. 특히 6·25전쟁으로 굶주리고 지친 한국인들에게 동양선교회를 통해 들어오는 각종 구호물자는 산타클로스의 선물과 같은 것이었다. 전반적으로 한국성결교회는 6·25이후 동양선교회에 크게 의존했다.[222] 1953년도 한 자료에 의하면, 성결교회는 1년 동안 48개 교회를 신개척하고 46개의 교회를 건축했다. 여기에는 성결교회 신자들의 헌금 173,703불도 크게 기여했지만, 동양선교회의 직간접적인 도움이 컸기에 가능했다고 할 수 있다.[223] 이러한 형편의 성결교회에 대한 동양선교회의 지원 상황은 〈표 3 - 2〉와 같다.

---

221) 박명수, "동양선교회와 한국성결교회의 관계: 역사적인 관계를 중심으로", 『성결교회와 신학』, 제4호(2000, 가을), pp.134 - 165.

222) 『제7회 총회회의록』, (1952년), p.4.

223) 『제8회 총회회의록』, (1953년), p.34; p.37.

<표 3-2> 동양선교회의 한국성결교회 지원내역(1950-1960)[224]

	총회보조	신학교보조	십자군전도대	사회사업	군목경비	기타
1950						
1951	1,068,900	2,000,000				
1952	55,036,800	104,964,000				
1953	5,599,840	2,720,400				9,181,000
1954	11,355,421	3,967,039	3,155,386			
1955	15,441,488	?	5,040,050			
1956	26,301,375	3,516,300	5,775,680	100,000		
1957	2,668,930	13,242,870	5,550,000	250,000	5,499,930	741,900
1958		13,256,066	3,915,000 (희년전도대)	550,00개0	6,145,920	
1959		13,573,120		1,350,000	5,546,035	
1960	2,380,000*	20,397,548		14,816,561	6,093,410	1,624,000

✱자료출처: 기독교대한성결교회 총회회의록(1950-1960) 재구성
*는 제15회 총회(1960년)에 동양선교회가 보고한 내용 참조.

〈표 3-2〉와 같이 동양선교회가 해방 후 한국선교를 재개한 이후 모든 영역에서 성결교회를 지원했다. 특히 신학교 운영과 십자군전도대(희년복음전도대 포함), 그리고 군목활동은 동양선교회가 거의 전적으로 모든 비용을 부담했다. 그리고 비록 1956년 4월 총회 이후 중지되기는 했지만 총회본부 사무실 운영비까지도 동양선교회가 보조했다.[225] 또한 사회사업에도 막대한 지원을 아끼지 않았다. 따라서 이러한 동양선교회의 지원은 한국전쟁으로 크게 낙심하고 쇠약해졌던 성결교회가 재건과 부흥의 기치를 발휘하는 데 결정적인 기여를 했다고 할 것이다.

해방 이후 새롭게 등장한 사회사업과 교육사업에 대한 성결교회

---

224). 여기에 각 보조금은 매년 총회에 보고한 것을 기준하였다. 그리고 숫자 50은 1950년에 열린 총회를 뜻한다.

225) 김응조, "금년 총회의 신 사항", 『활천』, (1956년 5월호), pp.44-45.

의 적극적인 관심 또한 이 시기의 부흥을 이끌었다. 성결교회는 "초창기는 전도기였고, 해방 후는 조직기였고, 6·25 이후로는 사업기"라고 할 정도로 해방 이후 교육 및 사회사업을 통한 전도에 깊이 관여했다.[226) 이는 직접전도를 강조하는 성결교회의 전통과는 다른 것으로 해방 후 새롭게 등장한 변화였다.

동양선교회는 선교 초기부터 직접전도를 강조하면서 병원사업이나 교육사업 또는 사회사업 등을 통한 간접선교에 대해 부정적 입장을 취해 왔다. 한 예로 길보른은 "진정한 사자"에서 "사회사업이나 교육사업은 영혼을 인도하는 하나님의 치료법칙이 아니다. 이런 것을 가지고는 영혼을 하나님께로 인도할 수 없다. 오직 우리가 전할 복음은 회개와 신앙으로 말미암아 생애가 변하고 하나님과 더불어 교통케 된다는 것이다."[227)라고 비판했다.

이러한 기조는 해방 이전 성결교회의 보편적인 것이었다. 한국인 사역자들도 이러한 견해에서 크게 벗어나지 않았다. 예를 들어 이명직 목사는 '전투하는 교회'에서 세상을 구원하기 위한 방법으로 전도를 강조하는 한편, 유치원이나 야학 등은 '결과도 없는 일'로 평가한다.[228)

해방이 되면서 성결교회가 교육 및 사회사업에 적극적인 관심을 보이기 시작했다. 하지만 성결교회의 사회사업이 본격적으로 시작된 것은 6·25전쟁 때부터이다. '민주, 공산 양대 사상의 세기적 충돌' 앞에서 '세기적 재난'을 만난 이 땅은 너 나 할 것 없이 참

---

226) 편집실, "교계단상",『활천』, (1954년 8/9월호), p.45.
227) E. A. 길보른, "진정한 사자",『활천』, (1926년 6월호), pp.1-3.
228) 이명직, "전투하는 교회",『활천』, (1928년 11월호), pp.1-2.

상과 참혹 그 자체였다. 그중에서도 특히 수많은 전쟁고아, 미망인, 불구자 등의 생활은 거대한 사회적 문제였다.[229] 한국의 참혹한 상황에 관심을 갖고 세계구호위원회, 기독교세계봉사회, 선명회와 같은 외국의 구호단체들이 구호활동을 전개하면서 수많은 사회사업시설들이 세워졌다. 특히 동양선교회가 세계구호위원회와 선명회를 통해 들어오는 막대한 구호금과 구호품들의 국내 공급 통로가 되면서 성결교회의 사회사업은 급속히 확장되었다.[230] 길보른은 세계구호위원회의 국내 대표와 선명회의 특별 연락관으로서 제이 비 크라우스는 세계구호위위원회의 일원으로 활동하며 전후 성결교회의 복구와 각종 사회사업을 지원했다.[231]

이에 성결교회의 사회사업은 동양선교회의 막대한 지원으로 점점 크게 신장되었다. 그 결과 성결교회는 1956년 5월 22일자로 보사부로부터 '사회사업유지재단' 인가를 받기도 했다. 당시 가맹시설은 20개, 유지재단의 재산총액은 52,084,150환이었다.[232] 〈표 3 － 3〉은 1953년부터 총회에 보고된 성결교회의 사회사업 통계를 정리한 것이다.

---

229) 김인서, "순교자 손양원 목사를 추모함", 『신앙생활』, (1951년 7/8월호).
230) 이천영, 『성결교회사』, pp.138 － 139.
231) 동양선교회가 지원하는 사회사업시설은 1959년 자료에 의하면 고아원 29개, 기아보호소 5개, 과부를 위한 시설 6개, 나병환자 체류시설 2개, 예방시설 2개, 맹아학교 2개, 소년원 1개, 직업훈련원 1개, 매일 약 3만 명에게 점심을 무료급식하는 시설이 약 140개나 되었다. The OMS in Korea Report (1959－60). 『제14회 총회회의록』, (1959년), p.46; 『제15회 총회회의록』, (1960년), p.48.
232) 『제12회 총회회의록』, (1957년), pp.33 － 35.

연도	53	54	55	56	57	58	59	60
시설 수	13	15	19	27	34	29	36	37
수용인원	1,574	2,343	2,345	3,609	4,430	?	?	5,698

＊자료출처: 1953 - 1960년 총회회의록 재구성

〈표 3 - 3〉을 보면 성결교회가 사회사업 부문에서 계속 성장하고 있음을 알려준다. 구체적인 예를 들면, 1956년 제11회 총회에 보고된 자료에 의하면 27개의 시설(양로원 1, 육아원 18, 영아원 2, 모자원 3, 나환자 2)에 수용인원이 3,609명이었다. 그런데 1960년에는 37개 시설(육아원 22, 영아원 4, 모자원 4, 맹농아원 3, 나환자수용소 2, 불구아수용소 2)에 수용인원이 5,698명으로 나타나고 있다.[233] 4년 사이에 시설 수가 10개, 수용인원은 2,000명 정도 늘어난 것이다. 따라서 이러한 사회사업은 '떡과 복음'을 동시에 제공하면서 해방 후 성결교회 발전의 한 축이 되었었다고 할 것이다.

제2절 기독교대한성결교회의 사회복지참여 실태

1. 헌법에 나타난 정책

기독교대한성결교회의 모든 정책의 기본이 되는 교단 헌법 제4장 2절 '사회에 대한 건덕생활'에 보면 성도가 힘써 지킬 일 중

---

233) 『제15회 총회회의록』, (1960년).

첫 번째 항으로 "하나님께서 힘주시는 대로 사람을 긍휼히 여겨 주린 자에게 먹을 것을 주며, 헐벗은 자에게 입을 것을 주고, 병든 자와 옥에 갇힌 자를 방문하여 도와주어야 한다."234)라고 규정하면서 성도와 교회로서의 사회에 대한 책임을 분명히 하고 있다. 그러나 행정과 조직상의 내용을 살펴보면 기독교대한성결교회의 사회복지 정책에 문제점이 나타난다.

2. 총회 기구

먼저 기독교대한성결교회 총회 기구인 의회 부서에 사회복지부가 있지만, 교단 내 은퇴 교역자와 장로들을 위한 위로회 계획에 불과해 사회복지사업과는 거리가 멀다.235) 그리고 총회 기구 외에 협의 기구로 사회사업유지재단이 있다. 이 기구의 법인 명칭은 '사회복지법인 기독교대한성결교회 사회사업유지재단'으로 1956년 5월 2일에 설립되었다. 이 법인의 목적은 "아동복지법, 모자복지법, 장애인복지법, 노인복지법, 영유아복지법 및 사회복지사업법의 규정에 의한 보호, 선도 또는 복지에 관한 사업과 복지시설을 운영함으로써 사회복지의 증진을 도모함"을 목적으로 하고 있다. 사업 종류로는 영아 및 육아시설, 모자보호시설, (종합)사회복지관, 부랑인 선도시설, 아동직업보도시설 및 장학교육사업, 장애인 재활시설 및 장애인학교, 양로 및 의료시설, (영유아)보육시설로 되어 있다.

---

234) 기독교대한성결교회, 『헌법』, (기독교대한성결교회출판부, 2006), p.20.
235) 『기독교대한성결교회 제100년차 총회록』, 별지 4 - 9, (기독교대한성결교회, 2006), pp.247 - 248.

그러나 정작 이 법인의 설립동기를 보면 기독교대한성결교회에 소속된 각 시설 대표자들의 모임으로 시작되었으며, 1956년 그 당시에는 외부지원이 많았던 시기로 법인체가 아니면 외원(外援)을 받지 못할 상황이어서 세계기독교선명회의 대표자로 있던 피얼스 목사의 도움으로 각 시설들을 통합한 법인을 만들어 외원을 받고자 설립되었다.

그러므로 이 법인은 기독교대한성결교회의 교단 사회복지정책에서 비롯된 법인이 아니고, 본 교단 교회에 다니는 교인들이 운영하는 사회복지 관련 시설들이 외원을 받기 위해 연합으로 만든 법인일 뿐이다. 그래서 현재 교단에서 재정적으로 지원이 전혀 없는 상태이고, 다만 이 법인에 연 1,000만 원의 지원금을 보조받아 직원 2명의 인건비로 사용하고,[236) 법인 운영은 각 시설들이 법인소속금으로 내는 회비로 운영되고 있는 실정이다.(〈표 3 - 4〉 참조)

〈표 3 - 4〉 사회복지법인 기독교대한성결교회 사회사업유지재단 시설 현황

(2007년 7월 현재)

NO	종류	시설명칭	소재지	시설설치허가 년 월 일	정원	현원	시설의장
1) 법인직영시설							
1	아동양육시설	성우보육원	대전시 대덕구 연축동 269	1962.11.4.	80	37	김익자
2	〃	천양원	대전시 유성구 장대동 232	1982.4.1.	89	78	이연형
3	〃	늘사랑아기집	대전시 가양1동 307 - 3	1965.6.19.	70	65	사영희
4	영유아보육시설	서대전어린이집	대전시 중구 괴정동 8 - 5	1965.4.22.	90	57	최용환

---

236) 『기독교대한성결교회 제100년차 총회록』, 별지 29, pp.651 - 652.

1) 법인직영시설

5	〃	조치원어린이집	충남연기군 조치원읍 남리 48	1982.4.1.	182	182	양희준
6	〃	늘사랑어린이집	대전시 가양1동 307 - 3	1992.2.27.	104	57	임칠선
7	〃	성락어린이집	대전시 중구 용두1동 53 - 31	1991.12.28.	94	65	오병열
8	〃	점촌어린이집	문경시 모전동 555 - 55	1990.12.31.	80	65	이덕호
9	〃	늘푸른어린이집	군산시 산북동 3611 - 1	1993.2.	100	97	김은정
10	〃	한빛어린이집	대전시 유성구 장대동 232	1994.1.26.	70	65	함용순
11	〃	성심어린이집	논산시 연산면 한전1구 247 - 4	2000.7.	40	40	이상수
12	종합사회복지관	군산복지관	군산시 산북동 3611 - 1	1993.2.	–	–	황경호
13	〃	성락복지관	대전시 중구 용두1동 53 - 31	1992.3.	–	–	이문일
14	〃	상도복지관	서울 동작구 상도1동 456	1992.10.14.	–	–	문순희
15	모자보호시설	루시모자원	대전시 중구 선화1동 362 - 22	1956.10.15.	22세대	22세대	임우현
16	부랑인선도시설	정림원	대전시 서구 정림동 17 - 1	1957.9.6.	70	21	윤영수
17	노인복지시설	동산실비 주간보호센터	부천시 원미구 상동520 - 7	2003.2.14.	20	8	박미경
18	〃	아름다운집	김포시 대능면 대곶리 172 - 2	2005.10.31.	60	60	위정식

2) 위 탁 체

NO	종 목	시설명칭	소재지	위탁기간	관련기관	시설의장	비고
1	종합사회복지관	번3동 복지관	강북구 번3동 237 주공APT 302동	06.9.26 - 09.9.25.	강북구청	이종숙	4차
2	영유아보육시설	은나래 어린이집	서울 노원구 상계 1동 1264	05.9.20 - 07.9.19.	노원구청	서천혜자	5차
3	〃	창2동 어린이집	도봉구창2동 632 - 74	06.7.5 - 09.7.4.	도봉구청	임영희	3차
4	〃	압구정 어린이집	강남구 신사동 627 - 2	04.9.1 - 07.8.31.	강남구청	김배숙	1차

* '－' 표는 이용시설임.

그 외에 1992년 설립된 여전도회전국연합회에서 운영하는 상도 종합사회복지관이 있다. 그러나 총회 소속이 아닌 총회와 협의 기구이고, 총회의 재정적 지원이 전혀 없다. 그리고 부천종합사회복지관은 서울신학대학교가 부천시로부터 위탁, 운영하고 있지만 역시 교단적 지원은 없다.

그러나 2007년 현재 교단 창립 100주년을 맞이한 기독교대한성결교회는 외형적인 성장뿐만 아니라 이웃과 사회를 위한 사회복지사업을 벌이고 있다. 100주년 위원회는 이를 위해 복지재단을 설립했으며, 그 첫 번째 사업으로 노인실비요양원(성결원) 건립을 시행하고 있는 상태이다.[237] 저출산, 고령화 시대를 맞아 교단 차원에서 노인들을 위한 요양과 수련시설을 마련하는 것이다. 현재 건축 중인 성결원은 4층 규모로 21,120m²에 이르며, 막바지 공사가 한창으로 성결원은 2007년 8월에 완공되며, 동년 10월에 개원할 예정이다.

이 밖에 은퇴 여교역자들을 위한 대전 성락원과 헬몬수양관도 지난해에 재건축한 바 있다.

3. 교육기관

기독대한성결교회의 교육기관인 서울신학대학교에는 현재 학부에 사회복지학과가 있으며, 대학원에 사회복지학과, 특수대학원으로 사회복지대학원이 있다. 또한 대학 부설 기독교사회복지연구소

---

237) 「한국성결신문」, 2007년 5월 27일(주일), 제609호(특별호) 9면.

가 있어 교회사회복지에 대한 연구가 진행되고 있다. 이상으로 볼 때 성결교회의 사회복지관련 정규 교육기관은 잘 되어 있다. 그러나 이 교육기관 출신 졸업자들이 교단적으로 전혀 수용하지 못하고 있으며, 교단적인 배려도 전혀 없다. 그것은 교단적인 사회복지 정책과 장(setting)이 없기 때문이다.

그 원인은 심각한 개교회 중심적 구도와 교회의 사회기능에 관한 신학적 훈련이 약하였고, 교단의 보수주의적인 성향의 신학이 사회에 대한 참여를 저조하게 하였다고 볼 수 있다.

그리고 한국교회는 여전히 교회의 사회복지에 대한 개념적 합의 조차 이루어지지 않고 있을 뿐만 아니라, 학술용어의 혼용과 개념의 미정립, 참여를 위한 자원 활용방안에 대한 체계적인 연구가 미흡한 상태이다. 또한 조직적인 교회의 사회복지참여를 하고 싶어도 전문적인 지식이 없거나 무엇을 어떻게 해야 하는지 망설이고 있는 실정이기도 하다.[238]

이에 따라 교회의 본질적 사명 중 하나인 사회복지참여를 구체화시키기 위해서 기독교대한성결교회를 중심으로 사회복지 실태를 파악하고, 이러한 사회복지참여에 영향을 미치는 요인이 무엇인지 사회과학적인 연구가 필요하다. 아울러 지역사회를 향한 교회사회복지참여의 중요성을 인식하고 보다 적극적이며 효율적인 방안과 전략이 절실히 요구된다.

---

238) 이삼열, 『사회봉사의 신학과 실천』, (서울: 한울아카데미, 1992), pp.9 - 11.

제4장 조사방법 및 결과분석

제1절 조사방법

1. 연구모형

본 연구에서는 선행연구를 바탕으로 하여 교회의 사회복지참여에 영향을 미치는 요인을 교회지도자와 교회자원 변인으로 설정하였다. 그리고 이러한 변인들이 교회의 사회복지참여에 미치는 영향력을 분석하기 위해서 연구모형을 〈그림 4-1〉과 같이 설계하였다.

<그림 4-1> 연구모형

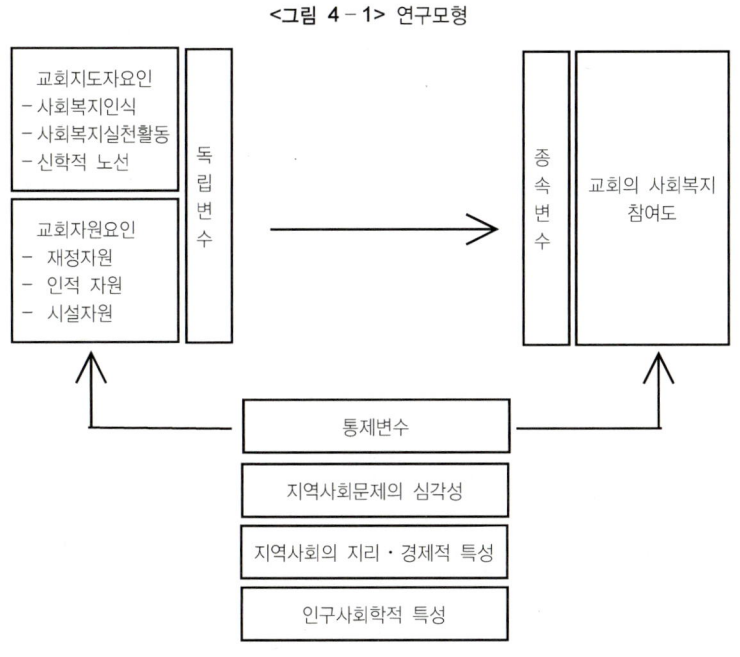

선행연구에서는 교회사회봉사활동에 영향을 미치는 요인에 대하여 소극적인 태도와 전문인력의 부재 등 단편적으로 언급하였다.[239] 그러나 그 활동을 설명하는 체계적인 틀을 제시한 적이 없어서 선행연구결과를 바탕으로 해서는 인과관계적인 요인들을 설명하기가 어려운 실정이다.

그러므로 본 연구는 교회의 사회복지참여에 영향을 미치리라고 예측되는 주요 요인들을 설명하는 탐색적이고 기술적인 조사방법을 사용하였다.

먼저 교회의 사회복지참여에 영향을 미치는 요인들로서 〈그림 4-1〉과 같이 교회지도자(목사와 장로)와 교회자원을 선정하고 이 2가지 요인들을 다시 6개의 하위요인들로 세분하였다.

첫째, 교회지도자를 응답자로 선정한 이유는 그들이 교인들에 비해 교회운영에 훨씬 더 큰 영향을 끼친다고 보았기 때문이다. 선행연구에서도 교회지도자가 교회사회봉사활동에 가장 중요한 역할을 하며, 교인들보다는 교회지도자들의 사회봉사에 관한 이념적 성향을 조사하는 것이 중요하다는 점이 지적된 바 있다.[240] 따라서 교회지도자에 관한 변인은 사회복지에 대한 인식과 사회복지실천활동 그리고 신학적 노선 등을 설정하였다. 여기서 사회복지에 대한 인식이란 교회의 사회복지참여에 대한 교회지도자의 개인적인 의식과 관심 그리고 실천을 의미한다.

둘째, 교회의 다양한 변인들 중에서 교회의 사회복지참여요인에

---

239) 한국자원봉사능력개발연구회, "한국교회 사회봉사사업 조사연구", 전게서.

240) 최혜경, "한국기독교회의 사회적 서비스 실태에 관한 연구", (석사학위논문, 서울대학교 대학원, 1983), p.111.

영향을 미치는 하위변인으로 교회설립연한, 교인 수, 교인의 사회복지에 인식이나 호응도, 사회복지 전문가와 전문기구의 유무, 사회복지예산, 시설개방, 교회 간의 연합과 사회복지기관과의 연계 등이 있음을 선행연구에서 나타났다. 본 연구에서는 이러한 변인들 중 교회의 일반적 특성과 인적 자원인 교인 수, 교인 수의 증감, 사회복지 전담부서, 전담전문가 유무, 사회복지 특별헌금 유무, 결산액, 사회복지예산 증가 노력, 사회복지예산 비율, 공간의 충분성, 교회의 크기 등을 설정하였다.

셋째, 지역사회의 다양한 변인들 중에서 교회의 사회복지참여 요인에 영향을 미치는 통제변수로 지역사회문제의 심각성과 지역사회의 지리적, 경제적 특성 등을 설정하였다.

2. 연구가설

본 연구의 연구모형을 바탕으로 하여 교회의 사회복지참여에 영향을 미치는 요인으로 교회지도자(목회자와 장로) 변인과 교회 변인을 구분하여 다음과 같은 연구가설을 설정하였다.

1) 교회지도자의 영향

1-1. 교회지도자의 실천 정도에 따라 교회의 사회복지참여에 차이가 있을 것이다.

1-2. 교회지도자의 사회복지인식에 따라 교회의 사회복지참여

에 차이가 있을 것이다.

1 - 3. 교회지도자의 신학적 노선에 따라 교회의 사회복지참여에 차이가 있을 것이다.

2) 교회자원의 영향

2 - 1. 교회의 재정자원에 따라 교회의 사회복지참여에 차이가 있을 것이다.

2 - 2. 교회의 인적 자원에 따라 교회의 사회복지참여에 차이가 있을 것이다.

2 - 3. 교회의 시설자원에 따라 교회의 사회복지참여에 차이가 있을 것이다.

3) 지역사회문제의 심각성

3 - 1. 지역사회문제의 심각성에 따라 교회의 사회복지참여에 차이가 있을 것이다.

3 - 2. 지역사회의 지리적 위치에 따라 교회의 사회복지참여에 차이가 있을 것이다.

3 - 3. 지역사회의 경제적 특성에 따라 교회의 사회복지참여에 차이가 있을 것이다.

4) 교회의 사회복지참여에 미치는 영향 요인

4 - 1. 교회의 사회복지참여에 영향을 미치는 유의미한 요인이

있을 것이다.

본 연구는 위 가설검증을 통해 교회의 사회복지참여에 유의미한 영향을 미치는 요인이 무엇인지를 분석해 보고자 한다.

3. 변수의 측정도구

1) 설문지의 개발

본 연구를 위한 설문지의 개발은 교회사회복지와 관련된 문헌조사와 선행연구를 근거로 교회의 사회복지참여에 영향을 미치는 변인추출과 변인분석을 위한 연구 질문을 설정하였다. 설문지의 구체적인 내용은 〈표 4-1〉과 같다.

<표 4-1> 설문지 구성내용

구분			내용	문항수
종속 변수	교회의 사회복지참여		사회복지 프로그램 실시 정도	7
독립 변수	교 회 자 원 요 인	지도자 요인	사회복지에 대한 의식 수준 사회복지활동 실천 정도 신학적 노선	16
		교회재정 자원요인	사회복지 특별헌금 유무, 결산액, 사회복지예산 증가 노력 사회복지예산 비율	4
		교회인적 자원요인	교인 수, 교인 수의 증감, 사회복지 전담부서, 전담전문가 유무	4
		교회시설 자원요인	공간의 충분성, 교회의 크기	2

구분		내용	문항수
통제 변수	지역사회문제 요인	빈곤문제, 치안문제, 자연환경, 가족문제, 노인문제, 생활환경, 장애문제, 아동 · 청소년문제	8
	지역사회 지역, 경제적 요인	교회가 위치한 지리적 특성, 지역사회의 경제적 특성	2
	인구사회학적 특성	목회(시무) 연수, 교회설립연수	2
계			잘못된 계산식

2) 종속변수의 정의와 측정

(1) 교회의 사회복지참여

교회의 사회복지참여는 교회가 사회복지 프로그램을 수행하는 정도를 의미한다. 사회복지 프로그램은 아동복지, 청소년복지, 여성복지, 장애인복지, 노인복지, 환경복지, 지역복지 등을 수행하고 있는 정도를 뜻한다. 사회복지 프로그램은 7개 문항으로 구성되었으며, 5점 척도로 구성되었다. 사회복지 프로그램을 실시하지 않음은 1점, 매우 활발은 5점으로 점수가 높을수록 교회의 사회복지참여 정도가 높음을 의미한다.

종속변수인 교회의 사회복지참여 현황에 대한 신뢰도 분석을 실시한 결과, 사회복지 프로그램의 크론바하 알파 계수는 0.873으로 0.6 이상의 값을 보이고 있어 척도의 신뢰도가 양호한 것으로 나타났다. 사회복지 프로그램의 7문항을 모두 투입했을 때, 신뢰도를 저해하는 항목이 없어서 제거항목 없이 7문항을 그대로 구성하였다.

<표 4-2> 종속변인 신뢰도 분석

하부요인	문항 수	Cronbach's alpha	제거항목
사회복지 프로그램	7	0.873	없음

3) 독립변수의 정의와 측정

(1) 교회지도자 요인

교회지도자란 목사와 평신도의 장로 직분을 가진 자를 뜻한다. 목사와 장로는 교회의 의사결정의 중추적인 역할을 하고 있는 직분이다. 목사와 장로의 사회복지에 대한 인식에 따라 교회의 사회복지참여 영향을 미칠 것이다.

① 교회지도자(목회자, 장로)의 사회복지인식

교회지도자의 사회복지인식은 교회가 사회복지에 대해 어떤 인식을 가지고 있는지에 대한 견해를 뜻한다. 사회복지에 대한 인식은 총 8문항 5점으로 척도 구성되었다. '전혀 아니다'는 1점, '매우 그렇다'는 5점으로 점수가 높을수록 교회지도자의 사회복지인식의 정도가 높음을 의미한다. 사회복지에 대한 개인적 인식은 교회의 약자에 대한 책임, 사회복지활동의 중요성, 본질적 사명인식, 사회문제에 개입정도, 지역사회와의 협력관계, 사회복지활동예산, 지역사회의 지도자 역할을 의미한다.

② 교회지도자의 사회복지실천

교회지도자의 사회복지 실천은 목회활동이나 교회활동 중에서 사회복지활동과 관련된 행동을 하는 행위를 의미한다. 사회복지 실천성은 모두 4문항으로 구성되었으며 5점 척도로 구성되었다. 전혀 하지 않음은 1점, 매우 자주 함은 5점으로 점수가 높을수록 교회지도자의 사회복지실천 정도가 높음을 의미한다. 교회지도자가 설교 중에서 사회복지활동과 관련된 내용을 얼마나 자주 하는가,

성도들에게 자원봉사활동 권장 정도, 사회복지예산 증가를 위한 노력, 지역사회복지활동을 뜻한다.

교회지도자(목사, 장로)의 사회복지의 인식조사와 사회복지 실천은 다문항 척도로 구성되어 신뢰도를 분석하였다. 그 분석결과, 교회지도자의 크론바하 알파의 계수는 0.771, 모두 0.6 이상의 값을 보이고 있어 척도의 신뢰도가 양호한 것으로 나타났다. 사회복지인식이 8문항, 사회복지실천 정도가 4문항을 모두 투입했으나 신뢰도를 저해하는 항목이 없어서 모든 문항을 그대로 사용하였다.

<표 4-3> 독립변인 신뢰도 분석

하부요인	문항 수	Cronbach's alpha	제거항목
교회지도자 사회복지인식	8	0.771	없음
사회복지 실천성	4	0.838	없음

(2) 교회자원 요인

교회 자원은 교회에서 사회복지를 실천하는 데 있어서 필요한 재정, 인적, 물적 자원을 말한다. 교회 자원 요인은 3문항으로 재정자원은 교회의 한 해 총예산을 말한다. 인적 자원은 교인의 수를 뜻하며, 물적 자원은 교회의 건물 크기와 사회복지 프로그램을 실시할 수 있는 공간적 장소를 의미한다.

(3) 교단 신학 노선

교단의 신학 노선은 1문항으로 교회지도자가 속한 교단의 신학적 성향을 뜻한다. 신학 성향은 크게 보수 성향과 진보 성향으로 구분해 볼 수 있다.

4. 연구대상 및 자료수집

본 연구의 조사대상은 기독교대한성결교회 회원으로 등록된 교회에 현재 시무 중인 담임목사와 장로를 대상으로 계통표집 방법으로 표본을 추출했다. 표본추출을 위해서 표집틀은 기독교대한성결교회 2007년 제101년차 총회 보고서에 있는 전국교회목록표를 사용하였다.[241] 기성교단은 총 5,948개 교회로, 표본을 250명(목사, 장로 각각 125명)으로 하였으며, 집단 간격은 매 15번째 숫자가 표본이 되었다(k = 15/5,000). 계통표집 방법으로 표집된 표본의 설문조사를 위해 2007년 6월 10일부터 6월 28일까지 우편을 발송하였으며, 회수율을 높이기 위해 회송용 봉투와 함께 발송하였으며, 전화접촉을 통하여 협조요청을 하였다.

결과적으로 설문지를 250부 발송하여 223부가 회수되었으며, 응답률이 떨어지는 27부를 제외시키고 총 196부를 통계분석자료로 사용하였다.

5. 분석방법

본 연구는 최종적으로 수집된 196부의 설문지를 부호화작업을 거쳐 spss 12.0을 활용하여 분석하였다.

첫째, 조사에서 사용한 각 변수들의 측정항목에 대한 신뢰도 분석으로 Cronbach's alpha를 실시하였다.

---

241) 기독교대한성결교회 총회, 『제101년차 총회보고서』, p.576.

둘째, 조사대상의 특성을 알아보고 이에 관한 기초통계자료를 얻기 위해서 각 설문항목에 대해 빈도분포, 기술통계분석을 실시하였다.

셋째, 독립변수인 교회지도자인 목회자와 장로 집단 간의 차이점을 알아보기 위해서 t – 검증과 분산분석(ANOVA)을 하였다. 또한 변수 간의 관계를 분석하기 위해 상관관계분석을 같이 실시하였다.

넷째, 독립변수, 종속변수의 이론모형의 가설 검증을 위해서는 각 변수 간 다중회귀분석을 실시하였다.

제2절 조사결과의 분석

1. 교회의 일반적 사항 분석

1) 인구사회학적 특성

조사대상자의 직분 분포를 살펴보면, 목사가 95명(48.5%)이고 장로가 101명(51.5%)으로 과반수를 차지하고 있었다. 장로는 평신도의 대표자로서 교회의 의사결정에 중추적인 역할을 수행한다. 그리고 교회의 지역별 분포현황을 살펴보면, 중소도시가 33.3%로 가장 많았으며, 서울지역이 26%, 광역시에 위치한 교회가 23.6%였으며, 군·읍·면 단위의 지역도 16.9%의 순으로 나타났다. 대부분의 교회가 산업화, 도시화, 정보화로 인해 도시지역에 위치한 결과로 분석된다.

　지역적 특성을 살펴보면, 주거지역 53.1%, 혼합지역 17.3%, 농어촌지역 13.8%, 상업지역 13.3%로 나타났다. 교회가 위치해 있는 지역의 경제적 특성을 살펴보면 〈표 4 - 4〉와 같이, 보편적으로 응답자의 52.3%가 중층 지역으로 보았으며, 중층을 제외하면 중하층 이하의 응답자는 34,9%, 중상층 이상이라고 응답한 자는 12.8%로 교회는 중상층보다는 중하층 지역에 많이 분포해 있는 것으로 나타났다.

<표 4 - 4> 인구사회학적 특성

하위영역		빈도(명)	백분율(%)
직분	목사	95	48.5
	장로	101	51.5
지역	서울	51	26.0
	광역시	46	23.6
	중소도시	66	33.3
	군 이하 지역	33	16.9
지역적 특성	주거지역	104	53.1
	상업지역	26	13.3
	공업지역	5	2.6
	농어촌지역	27	13.8
	혼합지역	34	17.3
경제적 특성	하층	15	7.7
	중하층	53	27.2
	중 층	102	52.3
	중상층	22	11.3
	상 층	4	1.5
합 계		196	100

2) 교회의 일반적 특성

교회의 최근 3년간 신도 수 변화에 대한 추이는 〈표 4-5〉와 같이 늘어났다가 96(48.9%)개소, 변화 없다가 88(44.8%)개소, 그리고 줄어들었다가 12(6.1%)개소로 나타났다. 이러한 결과는 기독교 성도 수가 전체적으로 줄어드는 추세에 비해 기독교성결교회의 교회는 교인 수가 성장하는 것으로 해석된다.

신도 수가 증가하는 이유에 대해서 목사님의 설교가 좋아서 63(32.3%), 사회복지 프로그램을 실시해서 25(12.8%), 일반적인 추세와 지역사회의 인구증가로 인해서가 16(8.2%)로 나타났다. 사회복지 프로그램을 실시해서 신도 수가 증가하였다는 응답자가 의외로 상당히 높게 나타났다. 이러한 결과는 사회복지는 교회성장에 중요한 요인으로 사료된다.

교회설립연수를 살펴보면 30년 이상 된 교회는 모두 128(65%)개소이며, 10년 미만인 교회는 10(5.1%)개소로 나타났다. 그리고 70년 이상 된 교회도 37(18.8%)개소로 훨씬 높게 나타났다.

교회의 교인 수가 101명에서 500명이 83(42.3%)개소로 가장 많았으며, 100명 이하가 49(25%)개소, 500명 이상의 대형교회도 47(23.8%)개소로 나타났다. 100명에서 500명은 교회가 자립하여 외부의 도움 없이 사회복지를 실시할 수 있는 교인 수를 가지고 있다고 해석된다.

교회의 재정적 수준을 살펴보면 3억 원 이상이 67(34.1%)개소, 1억 원~3억 원 사이가 54(27.5%)개소, 1,001만 원에서 5,000만 원이 24(12.2%)개소로 나타났다. 목회자 인건비를 줄 수 있는 수준과 운영관리비를 감안하면 5천만 원 이상 되어야 재정적 자립이 가능하다고 하겠다. 재정적 자립이 가능한 교회는 71.2%이며, 재정적 자립 후 사회복지 프로그램을 실시할 수 있는 재정적 수준은 1억 원 이상이 되어야 한다고 분석된다. 이러한 결과를 볼 때, 61.6%의 교회가 사회복지에 미약하게나마 투자할 수 있는 수준이다. 교인 수에 비해 재정적 측면이 약간은 미약한 수준으로 사료된다.

<표 4-5> 교회 일반적 특성

하위영역		빈도(명)	백분율(%)
신도 수 변화	늘어남	96	48.9
	줄음	12	6.1
	변화 없음	88	44.8
신도 수 증가 원인	일반적인 추세이다	16	8.2
	목사님의 설교가 좋아서	63	32.1
	사회복지 프로그램을 실시해서	25	12.7
	지역사회의 인구가 늘어서	16	8.1
	모르겠다	9	4.5
	기타	25	12.7
	무응답	42	21.4
교회 설립 년수	10년 미만	10	5.1
	10년 이상	16	8.1
	20년 이상	32	16.3
	30년 이상	29	14.7
	40년 이상	18	9.1
	50년 이상	33	16.8
	60년 이상	11	5.6
	70년 이상	37	18.8
	무응답	10	5.1
교인 현황	100명 이하	49	25
	101~500명 이하	83	42.3
	500~1,000명 이하	26	13.2
	1,001~2,000명 이하	17	8.6
	2,001명 이상	4	2.0
	무응답	17	8.6

하위영역		빈도(명)	백분율(%)
재정 현황	1,000만 원 이하	10	5.1
	1,001만 원~5,000만 원	24	12.2
	5,000만 원~1억 원	19	9.6
	1억 원~3억 원	54	27.5
	3억 원 이상	67	34.1
	무응답	22	11.2
합 계		196	100

3) 교회가 위치한 지역사회의 문제성

교회가 위치한 지역사회의 문제성은 〈표 4 - 6〉과 같이 빈곤문제가 2.96점으로 보통 이상으로 심각하였다고 응답하였으며, 노인문제가 2.97점으로 나타났다. 다른 문제들은 심각하지 않다고 응답하였다. 우리나라의 가장 시급한 문제인 빈곤문제와 노인문제가 그대로 드러났다고 분석된다. 교회가 앞으로 사회복지의 프로그램을 실시한다면 빈곤문제와 노인문제를 해결할 수 있는 프로그램을 개발하여 제공하여야 한다고 사료된다.

<표 4 - 6> 교회가 위치한 지역사회의 문제성(단위: 명/%)

하위영역	매우 심각	심각	보통	좋음	매우 좋음	평균(M)	합계
빈곤문제	6(3.2)	40(21.6)	99(53.5)	35(18.9)	5(2.7)	2.96	185(100)
민생치안문제	7(3.9)	20(11.0)	67(37.0)	79(43.6)	8(4.4)	3.33	181(100)
자연환경문제	7(3.8)	20(11.0)	75(41.2)	66(36.3)	14(7.7)	3.32	182(100)
생활환경문제	16(8.8)	26(14.3)	57(31.3)	69(37.9)	14(7.7)	3.31	182(100)
가족문제	4(2.3)	29(16.4)	81(45.8)	58(32.8)	5(2.8)	3.17	177(100)
사회부조리	3(1.7)	24(13.4)	83(46.4)	58(32.4)	11(6.1)	3.27	179(100)
장애(질병)문제	1(0.6)	21(11.8)	85(47.8)	61(34.3)	10(5.6)	3.31	178(100)
중독문제	2(1.1)	23(12.9)	59(33.1)	81(45.5)	13(7.3)	3.44	178(100)
아동·청소년문제	2(1.1)	26(14.8)	63(35.8)	78(44.3)	7(4.0)	3.35	176(100)
새터민 문제	4(2.3)	14(8.1)	44(25.6)	79(45.9)	31(18.0)	3.69	172(100)
노인문제	11(6.2)	45(25.3)	66(37.1)	50(28.1)	6(3.4)	2.97	178(100)
합계	64(3.0)	295(13.9)	811(38.1)	778(36.5)	181(8.5)	3.28	2129(100)

교회가 있는 지역사회의 사회복지기관 현황을 살펴보면, 종합사회
복지관이 109(20.7%)개소로 가장 많았으며, 노인복지관 97(18.4%)개
소, 청소년복지시설 54(10.2%)개소, 아동양육시설 52(9.9%)개소 순으
로 나타났다. 반면, 장애인 특수학교 19(3.6%)개소, 요양원 22(4.2%)
개소, 가정상담소 28(5.3%)개소로 낮은 분포로 나타났다.

<표 4-7> 교회가 속한 지역사회 복지기관 현황

구분	빈도(명)	백분율(%)
종합사회복지관	109	20.7%
노인복지관	97	18.4%
보육원	52	9.9%
직업소개	37	7.0%
장애인시설	51	9.7%
가정상담소	28	5.3%
특수(장애)학교	19	3.6%
요양원	22	4.2%
청소년시설	54	10.2%
양로원	43	8.2%
기타	15	2.8%
합계	527	100.0%

교회가 속한 지역사회의 공공시설 현황을 살펴보면, 병원 148(18.4%),
공원112(13.9%), 도서관 97(12%), 운동장 94(11.7%) 순으로 높게 나타
났으며, 시민회관, 문화공연장, 극장은 상대적으로 낮게 나타났다. 이러
한 결과는 우리나라의 여가활동의 기반이 주로 운동 위주이며, 문화
공연은 낮은 것으로 해석된다.

따라서 문화공연의 여가활동의 활성화를 위해서는 지역사회주민
들에게 교회시설을 개방하여 지역사회주민들의 문화공연장소로 활
용하여야 할 것이다.

<표 4 - 8> 공공시설 현황

구분	빈도(명)	백분율
도서관	97	12.0%
문화공연장	64	8.0%
시민회관	49	6.1%
병원	148	18.4%
공원	112	13.9%
체육관	77	9.6%
운동장	94	11.7%
극장	66	8.2%
수영장	84	10.4%
기타	14	1.7%
합계	805	100.0%

　　교회 주변의 비영리단체는 노인회가 102(19.8%)로 가장 많았으며, 종교단체 96(18.6%), 부녀회 80(15.5%)로 나타났다. 반면, 상공회의소 24(4.7%), 상조회 34(6.6%), 청년연합회 35(6.8%)로 낮은 분포로 나타났다.

<표 4 - 9> 주민 및 시민단체 현황

구분	빈도(명)	백분율
방범단체	68	13.2%
협동조합	69	13.4%
청년연합회	35	6.8%
상조회	34	6.6%
상공회의소	24	4.7%
노인회	102	19.8%
부녀회	80	15.5%
종교단체	96	18.6%
기타	7	1.4%
합계	515	100.0%

4) 목회자 관련 특성

① 교회지도자 근무연수

교회지도자 근무연수를 살펴보면 목사의 경우 20년에서 30년이 33(38.4%)명, 11년에서 20년은 30(34.9%)명 이었으며, 근무연수가 평균 24년으로 장기간 시무를 하였으며, 장로는 11년에서 20년이 52(55.9%)명으로 가장 많았으며 평균 재직기간은 20년으로 나타났다.

<표 4 - 10> 교회지도자 근무연수

하위영역		빈도(명)	백분율(%)	평균(M)
목 사 근 무 연 수	10년 이하	5	5.8	24.1
	11~20년	30	34.9	
	21~30년	33	38.4	
	31~40년	15	17.4	
	50년 이상	3	3.5	
	합계	86	100.0	
장 로 근 무 연 수	10년 이하	3	3.2	20.1
	11~20년	52	55.9	
	21~30년	35	37.6	
	31~40년	3	3.2	
	합계	93	100.0	

② 신학교육 과목에 사회복지 과목 이수 찬성 여부

신학대학(원)의 교육과정에 사회복지관련 과목을 이수케 하는 것에 어떻게 생각하는가에 대한 응답은 찬성 87(50%)명, 매우 찬성 58(33.3%)명, 보통 24(13.8%) 명 그리고 반대와 매우 반대는 2(2.8%)명으로 나타났다. 이러한 결과는 거의 모든 목회자들이 사회복지에 대한 관심이 매우 높은 것으로 해석된다.

<표 4 - 11> 신학교육 과목에 사회복지 과목 이수 찬성 여부

구분	빈도	백분율
매우 반대	2	1.1
반대	3	1.7
보통	24	13.8
찬성	87	50.0
매우 찬성	58	33.3
합계	174	100.0

③ 사회복지 교육받은 경험 여부

사회복지와 관련된 교육이나 훈련을 받은 경험이 있는가에 대해서는 없다가 100(63.7%)명, 있다는 57(36.3%)명으로 나타났다. 있다고 응답한 자의 교육과정을 살펴보면, 사회복지기관의 연수와 단기교육과정 31(54%)명으로 가장 많았으며, 교회 자체의 세미나와 훈련 8(14%)명, 그리고 대학에서 사회복지전공은 7(12%)명으로 나타났다.

<표 4 - 12> 사회복지 교육을 받은 경험

구분	교육여부	교육과정	백분율
있다	57(36.3)	대학에서 사회복지전공	7(12.0)
		대학에서 사회복지 과목 이수	8(14.0)
		사회복지기관의 연수 및 단기교육	31(54.0)
		총회(지방회)의 세미나 및 훈련	8(14.0)
		기타	3(5)
		합계	57(100)
없다	100(63.7)		
합계	157(100)		

④ 교회지도자의 사회복지에 대한 인식

교회지도자들의 사회복지에 대한 인식을 살펴보면 〈표 4 - 13〉과 같이 목회자는 지역사회의 지도자라는 인식이 5점 만점 중 평균 4.27점으로 매우 높았다. 또한 교회는 사회적 약자에 대한 책임(M = 4.23점)과 사회복지기관의 협력관계(M = 4.23)에 대한 매우 긍정적으로 인식하고 있으며, 사회복지를 선교만큼(M = 4.17) 인식하였다. 사회문제에 개입해야 한다는 평균점수가 3.76으로 다른 항목에 비해 낮게 응답하였으나 이 역시 보통 이상으로 나타났다.

전체적인 평균값은 4점으로 교회지도자들의 사회복지에 대한 인식 수준은 매우 높은 것으로 나타났다.

<표 4 - 13> 교회지도자의 사회복지에 대한 인식

구분	전혀 아니다	그렇지 않음	보통	조금 그렇다	매우 그렇다	합계	평균 (M)
교회는 약자에 대한 책임이 있다	2 (1.1)	4 (2.1)	33 (17.6)	58 (30.9)	91 (48.4)	188 (100)	4.23
사회복지는 선교만큼 중요하다	1 (0.5)	9 (4.8)	33 (17.6)	59 (31.6)	85 (45.5)	187 (100)	4.17
사회복지는 본질적 사명으로 꼭 해야 한다	10 (5.5)	13 (7.1)	28 (15.4)	32 (17.6)	99 (54.4)	182 (100)	4.08
사회문제에 개입해야 한다	7 (3.8)	15 (8.1)	50 (27.0)	56 (30.3)	57 (30.8)	185 (100)	3.76
사회복지기관과 협력해야 한다	1 (0.5)	2 (1.1)	33 (17.7)	67 (36.0)	83 (44.6)	186 (100)	4.23
사회복지예산 증액해야 한다	1 (0.5)	7 (3.7)	49 (26.2)	64 (34.2)	66 (35.3)	187 (100)	4.00
목회자는 지역사회의 지도자다	1 (0.5)	4 (2.2)	30 (16.1)	59 (31.7)	92 (49.5)	186 (100)	4.27
목회자는 사회적 · 물질적 · 복지 분야 지도자이다.	7 (3.8)	23 (12.4)	37 (19.9)	39 (21.0)	80 (43.0)	186 (100)	3.87
합계	30 (2.0)	77 (5.2)	293 (19.7)	434 (29.2)	653 (43.9)	1487 (100)	4.00

⑤ 교회지도자의 사회복지실천

목회활동 중 사회복지를 실천하는 내용에서 목사 설교에서 사회
복지활동에 대해 얼마나 자주 하는가에 대한 응답률은 보통 68(54%)
명, 자주 28(22.2%)명, 별로 하지 않음 25(19.8%)명, 그리고 매우 자
주는 3(2.4%)명으로 나타났다. 성도들에게 자원봉사를 어느 정도 권
장하는가에 대한 응답은 보통 83(45.9%)명, 자주 49(27.1%)명, 매우
자주 24(13.3%)명으로 나타났다. 자원봉사활동에 대한 권장은 매우
높은 빈도를 보이고 있다.

교회예산에서 사회복지활동에 대한 예산을 증액시키기 위한 노
력에 대한 응답으로는 보통 67(37%)명, 자주 58(32%)명, 별로 하
지 않음 34(18.8%)명로 나타났다. 목회자 스스로 지역사회복지활동
에 대한 참여율은 보통 83(46.1%)명, 자주 38(21.1%)명, 별로 하지
않음 34(18.9%)명으로 나타났다.

<표 4 - 14> 교회지도자의 사회복지 실천

(단위: 명, %)

구분	전혀 하지 않음	별로 하지 않음	보통	자주 함	매우 자주 함	M	SD	합계
목사 설교	2 (1.6%)	25 (19.8%)	68 (54.0%)	28 (22.2%)	3 (2.4%)	3.04	0.763	126 (100%)
봉사활동권장	3 (1.7%)	22 (12.2%)	83 (45.9%)	49 (27.1%)	24 (13.3%)	3.38	0.921	181 (100%)
예산지원노력	5 (2.8%)	34 (18.8%)	67 (37.0%)	58 (32.0%)	17 (9.4%)	3.26	0.963	181 (100%)
복지활동참여	12 (6.7%)	34 (18.9%)	83 (46.1%)	38 (21.1%)	13 (7.2%)	3.03	0.979	180 (100%)

교회지도자의 사회복지 실천의 평균값을 살펴보면, 봉사활동권장
이 3.38점으로 보통보다는 약간 이상으로 나타났으며, 교회지도자의

직접적인 사회복지활동참여는 3.03점으로 보통으로 나타났다. 교회지도자인 목사나 장로가 지역사회의 사회복지기관이나 단체에 회원으로 활동하는 참여 현황은, 78(57.8%)명이 전혀 어떤 단체에도 참여하지 않으며, 사회복지기관 25(18.5%)명, 시민단체 21(15.6%)명, 공공기관 11(8.1%)명으로 나타났다. 이처럼 교회지도자들의 지역사회활동 참여현황은 약 42% 정도로 높은 수준은 아니었다.

<표 4 - 15> 교회지도자의 지역사회활동참여 현황

구분	빈도(명)	백분율(%)
사회복지기관	25	18.5
공공기관	11	8.1
시민단체	21	15.6
없음	78	57.8
합계	135	100.0

기독교대한성결교회의 신학노선에 대해 보수적 104(54.2%)명, 중간적 72(37.5%)명, 매우 보수적과 진보적이 7(3.6%)명으로 나타났다. 이것은 기독교대한성결교회의 신학노선은 평균값이 2.44점으로 약간 보수적인 성향을 나타내고 있다고 사료된다.

<표 4 - 16> 교단의 신학노선

구 분	빈도(명)	백분율(%)	M
매우 보수적	7	3.6	
보수적	104	54.2	2.44
중간적	72	37.5	
진보적	7	3.6	(SD:
매우 진보적	2	1.0	0.67634)
합계	192	100.0	

5) 교회의 사회복지 관련 특성

① 인적 자원

교인들의 사회복지참여태도를 살펴보면 〈표 4 - 17〉과 같이 보통 80(44.7%)명, 지지 74(41.3%)명, 그리고 무관심과 매우 무관심은 각각 16(9%)명, 2(1.1%)명으로 교인들은 무관심보다는 사회복지에 보통보다 약간 높은 지지도(M = 3.40)를 보였다.

<표 4 - 17> 교인들의 사회복지참여태도

구분	빈도	백분율	M
매우 무관심	2	1.1	
무관심	16	9	
보통	80	44.7	3.40
지지	74	41.3	(SD: 0.75016)
매우 지지	7	3.9	
합 계	179	100.0	

② 재정 자원

재정자원을 살펴보면 〈표 4 - 18〉과 같이 교회예산을 100%로 할 때 이 중 사회복지비용으로 지출하는 비율에 대한 응답은 5% 이하를 사용하는 교회가 63(48.5%)개소로 거의 50%에 가까운 교회가 사회복지에 예산을 거의 투자하지 않고 있는 것으로 나타났다. 그리고 10% 이하로 사회복지예산을 사용하는 교회는 109(83.9%)개소이며 반면 20% 이상 사회복지예산으로 사용하는 교회는 9(6.9%)개소로 매우 저조하게 나타났다.

이것은 교회가 재정적으로 사회복지에 투여하는 비율이 총 예산의 약 8.43% 로 매우 저조한 것으로 분석되므로 앞으로 총예산 대비 사회복지예산을 20% 이상 확대할 것이 요구된다.

<표 4-18> 총예산 대비 사회복지 지출 비율

하위영역	빈도	백분율	평균
5% 이하	63	48.5	
6~10%	46	35.4	
11~15%	7	5.4	8.43
16~20%	5	3.8	
20% 이상	9	6.9	
합계	130	100.0	

③ 사회복지 주관 부서 운영 유무

교회 내에 사회복지 주관부서가 설치되어 있는지에 대해 살펴보면 〈표 4-19〉와 같이 있다가 94(59.5%)개소, 없다가 64(40.5%)개소로 나타났다. 그런데 있다고 응답한 중에 사회복지 법인으로 운영 중인 곳은 13(13%)개소로 나타났다.

<표 4-19> 사회복지 주관부서 운영 유무

구 분		빈도(백분율)	
있다	법인설립 유	94(59.5%)	13(13%)
	법인설립 무		81(87%)
없다		64(40.5%)	
합계		158(100%)	

④ 교회시설 개방여부

교회시설을 사회복지시설로 사용하는지 여부에 대해서 살펴보면 〈표 4-20〉과 같이 70(47.6%)개소가 교회시설을 사회복지시설로

활용하고 있으며, 교회시설을 개방하지 않는다가 77(52.4%)개소로
나타났다. 그리고 주관부서 59.5%가 있음에도 불구하고 교회시설
활용은 매우 폐쇄적이었다.

<표 4 - 20> 교회시설 개방 여부

구분	빈도	백분율
그렇다	70	47.6
아니다	77	52.4
합계	147	100.0

6) 교회의 사회복지참여 현황

사회복지 프로그램 현황을 살펴보면, 〈표 4 - 21〉와 같이 교회에서
실시하고 있는 사회복지 프로그램의 활성화 정도는 실시하지 않음
416(43.7%)개소, 약간 저조 185(19.4%)개소, 조금 활발 163(17.1%)개
소 순으로 나타났다. 이것은 사회복지 프로그램이 분야별로 크게 활
성화되지 않고 있다고 해석된다. 사회복지 분야별로 실시되고 있는
정도를 살펴보면, 청소년복지가 36(24.3%)개소, 노인복지 29(20%),
환경복지 22(17.2%)개소로 나타났다. 교회에서 실시되고 있는 사회복
지 프로그램은 대체적으로 저조한 편이다. 그중 청소년복지(M = 2.56)
와 노인복지(M = 2.52)가 약간 저조한 것으로 나타났으며, 여성복지
(M = 1.94)는 거의 실시되지 않고 있는 것으로 나타났다. 이러한 결과
는, 대체로 교회의 사회복지 프로그램 진행 현황은 매우 저조한 것으
로 사료된다.

<표 4 - 21> 현재 실시하고 있는 사회복지 프로그램 현황

구분	청소년복지	여성복지	장애인복지	아동복지	노인복지	환경복지	지역복지	총계
실시하지 않음	53 (35.8)	67 (53.2)	62 (46.6)	57 (42.5)	53 (36.6)	62 (48.4)	62 (44.9)	416 (43.7)
매우 저조	14 (9.5)	20 (15.9)	15 (11.3)	21 (15.7)	20 (13.8)	23 (18.0)	26 (8.8)	139 (14.6)
약간 저조	35 (23.6)	22 (17.5)	29 (21.8)	26 (19.4)	29 (20.0)	20 (15.6)	24 (17.4)	185 (19.4)
조금 활발	36 (24.3)	13 (10.3)	21 (15.8)	20 (14.9)	29 (20.0)	22 (17.2)	22 (15.9)	163 (17.1)
매우 활발	10 (6.8)	4 (3.2)	6 (4.5)	10 (7.5)	14 (9.7)	1 (0.8)	4 (2.9)	49 (5.1)
합계	148 (100)	126 (100)	133 (100)	134 (100)	145 (100)	128 (100)	138 (100)	952 (100)
평균	2.56	1.94	2.20	2.29	2.52	2.03	2.13	2

2. 교회의 사회복지참여의 차이 분석

1) 교회지도자 집단 간 차이

목사와 장로는 교회의 중추적인 역할을 하는 직분이다. 목사와 장로의 사회복지인식의 차이로 교회가 사회복지의 참여 정도에 차이가 있는지를 분석하였다. 두 집단 간의 사회복지참여에 대한 유의성을 파악하기 위해 독립표본 t - test 분석을 실시하였다. 그 결과를 보면 사회복지인식과 교회사회복지지출비용에서 목사와 장로 집단 간에 통계적으로 유의한 차이를 보였다(p<.05). 사회복지의 인식에 있어서 목사의 사회복지인식 정도는 4.23점이며, 장로의 인식 정도 3.95점보다 인식도가 높은 것으로 나타났다. 또한 목사와 장로 집단의 사회복지인식 정도의 차이는 유의미한 차이(p<0.05)가 있는 것으로 나타났다.

사회복지 실천 정도에 대한 목사와 장로와의 평균차이점을 살펴
보면, 목사집단의 실천 정도의 평균점수는 3.26점이며, 장로집단의
평균점수는 2.98점으로 차이를 보였으나 통계적으로 유의미하지
않았다.

교회의 사회복지 지출을 어느 정도 늘려야 하는가에 대한 두 집
단 간 차이점을 살펴보면, 목사(M = 15.62)가 장로(M = 12.00)보다
크게 나타나 두 집단 간 차이를 나타냈다. 두 집단 간 차이점은
통계적으로 유의미($p < 0.05$)하였다.

<표 4 - 22> 목사·장로 집단의 독립표본 t-test 분석

변수	사회복지인식		사회복지실천정도		교회사회복지지출 정도	
	M	SD	M	SD	M	SD
목사(n = 88)	4.23	.60	3.26	.71	15.62	9.92
장로(n - 87)	3.95	.60	2.98	.78	12.00	9.45
t	3.192**		1.885		2.436*	

* $p < .05$, ** $p < .01$, *** $p < .001$

2) 사회복지 교육 유무에 따른 차이

교회지도자들이 사회복지에 대한 교육을 받은 집단과 교육을 안
받은 집단 간의 차이의 유의성을 파악하기 위해 독립표본 t-test
분석을 하였다. 그 결과 사회복지에 대한 교육을 받은 집단이 교육
을 안 받은 집단보다 사회복지에 인식의 평균점수가 크게 나타났
다. 이러한 집단 간 평균차이는 통계적으로 유의미하였다($p < .05$).
사회복지 교육 유무에 따른 사회복지실천 정도를 살펴보면, 사회복
지 교육을 받은 집단의 평균값은 3.53점이며 사회복지 교육을 받지
않은 집단의 평균점수는 2.95점이었다. 두 집단 간 평균 차이는 통

계적으로 유의미하였다(p<.001).

반면, 교회지도자들의 사회복지 교육 여부 집단에 따른 교회의 총예산 중 사회복지 지출 정도의 차이를 살펴보면, 사회복지 교육을 받은 집단의 지출이 사회복지 교육을 받지 않는 집단의 지출보다 많았으나 통계적으로 유의미하지는 않았다.

교회사회복지참여도 역시 사회복지 교육 유무에 따른 평균 차이를 살펴본 결과, 교육받은 집단이 교육받은 않는 집단보다 높았으나 통계적으로 유의미하지 않았다.

교회지도자들의 사회복지 교육 여부에 대한 t – test 검증결과, 사회복지에 교육 여부에 따라 교회지도자들의 사회복지에 인식도와 사회복지실천에 차이가 있는 것으로 나타나 교회지도자들에 대한 사회복지 교육이 필요한 것으로 사료된다.

<표 4 – 23> 교회지도자의 사회복지 교육 유무 집단의 독립표본 t-test 분석

변수	사회복지인식		사회복지실천 정도		교회사회복지 지출 정도		교회사회복지참 여도	
	M	SD	M	SD	M	SD	M	SD
사회복지 교육 유(n=52)	4.30	.57	3.53	.71	13.28	9.45	2.33	.92
사회복지 교육 무(n=95)	3.98	.59	2.95	.64	12.58	8.73	1.91	.89
t	3.160*		4.383**		0.458		2.247	

*p<.05, **p<.01, ***p<.001

3) 교회기구의 사회복지부서 설치 유무의 차이

교회기구에 사회복지주관부서의 설치 유무에 따른 집단 간의 차이점을 파악하기 위해 t – test를 검증하였다. 주관부서의 유무에 따른 사회복지인식에 대한 평균차이점을 살펴보면, 사회복지주관부서가 있는 교회의 지도자는 사회복지인식 평균점수가 4.10점이고 주관부서가 없는 교회지도자는 사회복지인식 평균점수가 4.02로 나타났으나 통계적으로도 유의미하지 않았다.

사회복지 주관부서의 유무에 따른 교회지도자의 사회복지실천 정도는 주관부서 있는 교회 3.26점이며, 주관부서가 없는 교회의 평균점수는 2.94점으로 통계적으로 유의미(p<0.05)한 차이를 보였다.

주관부서의 유무에 따른 사회복지복지참여도를 살펴보면, 주관부서가 있는 경우 사회복지참여도는 2.31점으로 주관부서가 없는 경우는 1.66점으로 통계적으로 매우 유의미한(p<.001) 차이가 있는 것으로 나타났다.

교회기구의 사회복지부서 설치 유무에 따라 사회복지실천 정도, 교인의 복지참여태도, 교회지도자의 사회복지인식과 복지실천 정도, 교육 정도는 교인들의 복지참여태도, 교회사회복지참여도에 차이가 있는 것으로 나타났다. 즉 교회 내에 사회복지부서 있는 경우 사회복지실천 정도가 더 높았으며, 교회사회복지지출 정도가 더 많았으므로, 교회사회복지참여도가 높은 것으로 나타났다. 따라서 교회 안에 사회복지주관부서를 설치하는 것이 교회 내 사회복지활

<표 4-24> 교회기구의 사회복지부서 설치 유무 집단의 독립표본 t-test 분석

변수	사회복지인식		사회복지 실천 정도		교회사회복지 지출 정도		교인의 복지참여 태도		교회 사회복지참여도	
	M	SD	M	SD	M	SD	M	SD	M	SD
주관부서 유 (n=89)	4.10	.64	3.27	.71	14.43	10.96	3.48	.74	2.31	.89
주관부서 무 (n=55)	4.03	.61	2.94	.68	13.09	7.49	3.16	.73	1.67	.79
t	0.704		2.332*		0.780		2.576*		3.694***	

* p<.05, **p<.01, ***p<.001

성화에 필요하다고 하겠다.

4) 교회 교인 수 변화에 따른 사회복지참여도 차이

교회 교인 수의 변화에 따라서 사회복지참여도에 유의한 차이가 있는지를 파악하기 위해 일원분산분석을 실시하였다.

분산분석 결과, 전체 교회의 사회복지참여도는 2.10으로 약간 저조한 수준으로 매우 낮게 나타났다. 교인 증가 교회는(평균값 = 2.43), 교인 감소 교회(평균값 = 1.85), 변화 없는 교회(평균값 = 1.78)에 비해 사회복지참여도가 높은 것으로 나타났다. 교인 수 변화에 따른 교회의 사회복지참여도는 통계적으로 유의미한 차이를 보였다 ($p < 0.001$). 차이가 나는 집단을 파악하기 위해 Scheffe의 사후분석을 적용한 결과, 교인 증가 교회는 변화 없는 교회에 비해 사회복지참여도가 높은 것으로 나타났다. 그러나 교인 감소 교회와 교인 증가 교회, 변화 없는 교회 사이에는 사회복지참여도에 차이가 없는 것으로 나타났다.

또한 사회복지참여도가 높은 교회가 교인 수가 증가하고 있는 것으로 나타났다. 이러한 결과 교회의 부흥을 위해서는 사회복지 프로그램을 적극적으로 실시해야 한다고 사료된다.

<표 4 - 25> 교인 수 변화 집단에 따른 사회복지참여도 분산분석

구분	N	평균	표준편차	F	p
교인 증가 교회	55	2.4364	.94817		
교인 감소 교회	10	1.8571	.76488	7.477***	0.001
변화 없는 교회	50	1.7800	.85188		
합계	115	2.1006	.94268		

* p<.05, **p<.01, ***p<.001

<표 4 - 26> Scheffe의 집단 간 차이 사후 검정

종속변수: 사회복지참여도		평균차 (I - J)	유의확률
(I) 교인변화	(J) 교인변화		
증가 교회	감소 교회	.57922	.174
	변화 없는 교회	.65636(*)	.001
감소 교회	증가 교회	- .57922	.174
	변화 없는 교회	.07714	.969
변화 없는 교회	증가 교회	- .65636(*)	.001
	감소 교회	- .07714	.969

* .05 수준에서 평균차가 크다.

5) 사회복지활동 결정과정의 평신도 참여 정도에 따른 사회복지참여도 차이

사회복지활동 결정과정에서 평신도 참여 정도에 따른 교회사회복지참여도에 유의한 차이가 있는지를 파악하기 위해 일원분산분석을 실시하였다. 분산분석 결과, 전체 교회의 사회복지참여의 평균점수는 2.15점으로 약간 저조한 수준으로 매우 낮게 나타났다.

참여 안 하는 교회는 평균점수가 1.91점(표준편차 0.79), 소극적참여교회 1.92점(표준편차0.77), 적극적 참여교회 2.50점(표준편차 1.04)으로 나타났다. 교회의 사회복지활동 결정과정에서 교인이 적극적으로 참여한 교회는 참여하지 않는 교회나 소극적 참여교회보

<표 4 - 27> 사회복지활동 결정과정의 평신도 참여 정도에 따른 사회복지참여 분산분석

구분	N	평균	표준편차	F	p
참여 안 함	30	1.9143	.79105		
소극 참여	34	1.9244	.77470	7.477***	.001
적극 참여	43	2.5050	1.04437		
합계	107	2.1549	.93454		

* p<.05. **p<.01. ***p<.001

다 높은 점수를 나타냈다. 이러한 평균차이는 통계적으로 유의미 (p<0.001)한 차이를 보였다.

집단 간 차이를 파악하기 위해 Scheffe의 사후분석을 적용한 결과, 적극적 참여교회는 참여 안 하는 교회나 소극적 참여교회보다 교회의 사회복지참여가 높은 것으로 나타났다. 반면 소극적 참여교회와 참여 안 하는 교회 사이에는 교회의 사회복지참여에 차이가 없는 것으로 나타났다. 즉 사회복지활동 결정과정에서 평신도 참여하였을 때 교회의 사회복지참여가 높았다.

<표 4-28> Scheffe의 집단 간 차이 사후 검정

종속변수: 사회복지참여도		평균차 (I - J)	유의확률
(I) 결정참여	(J) 결정참여		
참여 안 하는 교회	소극적 참여교회	-.01008	.999
	적극적 참여교회	-.59070(*)	.025
소극적 참여교회	참여 안 하는 교회	.01008	.999
	적극적 참여교회	-.58061(*)	.022
적극적 참여교회	참여 안 하는 교회	.59070(*)	.025
	소극적 참여교회	.58061(*)	.022

* .05 수준에서 평균차가 크다.

6) 독립변인에 따른 교회의 사회복지참여의 차이

(1) 교회지도자 변인에 따른 교회의 사회복지참여의 차이

교회지도자의 사회복지인식 정도에 따른 교회의 사회복지참여 차이를 알아보기 위해 일원분산분석을 실시하였다.

교회지도자의 사회복지실천활동 정도 차이의 분석결과, 〈표 4-29〉와 같이 참여가 낮은 집단은 1.57로 교회의 사회복지참여가 매우 저조한 것으로 나타났으며, 보통인 집단은 1.99로 교회의 사회복지참여가 매우 저조보다는 약간 높게 나타났으며, 사회복지실천 활동 정도가 높은 집단은 3.03으로 교회의 사회복지참여가 약간 활발한 것으로 나타났다. 이러한 평균차이는 통계적으로 유의미 ($p<0.05$)한 차이를 보였다

그러나 신학노선에 따른 교회의 사회복지참여에 대한 차이분석 은 통계적으로 유의미한 차이를 보이지 않았다($p>0.05$).

<표 4 - 29> 교회지도자의 사회복지실천 활동 정도에 따른 교회사회복지참여의 차이 분산분석

구분		N	평균	표준편차	F	p
사회복지 실천활동 정도	참여 낮음	19	1.5789	.69412	10.632***	0.000
	보통	43	1.9934	.88830		
	참여 높음	11	3.0390	.89006		
	계	73	2.0431	.94901		
신학노선	매우 보수적	5	2.2571	1.14018	1.142	0.341
	보수적	60	2.0333	.86612		
	중간적	42	2.1156	1.02154		
	진보적	4	2.9643	1.24198		
	매우 진보적	2	1.5000	.50508		
	합계	113	2.0973	.95073		

* $p<.05$, **$p<.01$, ***$p<.001$

집단 간 차이를 파악하기 위해 Scheffe의 사후 분석을 적용한 결 과, 〈표 4 - 30〉과 같이 교회지도자의 사회복지의 실천활동이 높은 집단은 참여가 낮은 집단보다 교회의 사회복지참여가 높은 것으로 나타났다. 즉 교회지도자의 목회현장에서 실천활동이 높으면 높을 수록 교회의 사회복지참여가 높은 것으로 나타났다.

<표 4-30> Scheffe의 집단 간 차이 사후 검정

| 종속변수: 사회복지참여도 | | 평균차 (I - J) | 유의확률 |
(I) 실천활동차이	(J) 실천활동차이		
참여 낮음	보통	- 0.41441	0.210
	참여 높음	- 1.46001***	0.000
보통	참여 낮음	0.414408	0.210
	참여 높음	- 1.04561**	0.002
참여 높음	참여 낮음	1.460014***	0.000
	보통	1.04560**	0.002

* .05 수준에서 평균차가 크다.

(2) 교회자원 변인에 따른 교회의 사회복지참여의 차이

교회자원 변인에 따른 교회의 사회복지참여의 차이를 살펴보기 위해 〈표 4-31〉과 같이 일원분산분석을 실시하였다. 인적 자원, 즉 교회 교인 수에 따라 교회의 사회복지참여의 차이를 살펴본 결과, 인적 자원의 집단 간 차이는 유의미($p > 0.05$)한 것으로 나타났다. 차이가 나는 집단을 파악하기 위해 Scheffe의 사후분석을 적용한 결과, 〈표 4-32〉와 같이 100명 이하와 101~500명 이하 집단에 유의미한 차이가 없지만 다른 집단 간에는 통계적으로 유의미한 차이($p > 0.05$)가 나타났다. 즉 인적 자원이 적은 교회보다는 인적 자원이 큰 교회가 사회복지에 더 많이 참여하는 것으로 파악되었다.

교회 재정자원에 따른 교회의 사회복지참여의 차이를 살펴보면, 집단 간 평균차이는 통계적으로 유의미한($p > 0.05$) 차이가 나타났다. 교회 시설자원도 통계적으로 유의미한($p > 0.05$) 차이가 나타났다.

교회자원, 즉 인적 자원, 재정자원, 시설자원의 크기 정도에 따라 교회의 사회복지참여에 유의미한 차이가 나타났다. scheffe의 사후 검증을 교회의 자원에 따른 사회복지참여의 차이를 명확히 살

퍼본 결과, 인적 자원, 재정자원, 시설자원이 적은 교회보다는 인적 자원이 큰 교회가 사회복지에 더 많이 참여하는 것으로 파악되었다.

<표 4 - 31> 교회자원 변인에 따른 교회의 사회복지참여의 차이

구분		N	평균	표준편차	F	p
인적 자원	100명 이하	33	1.6840	.81344	9.938***	.000
	101~500명 이하	48	1.9405	.82136		
	501~1,000명 이하	15	2.8381	.95201		
	1,001~2000명 이하	10	2.6429	.67428		
	2001명 이상	3	3.8095	.50170		
	합계	109	2.1022	.94763		
재정 자원	1,000만 원 이하	6	2.2381	.98837	4.193**	.003
	1,001 ~ 5,000만 원 이하	20	1.5643	.88243		
	5,001 ~ 1억 원 이하	12	1.9048	.86647		
	1억 원 ~ 3억 원 이하	33	2.0043	.90456		
	3억 원 이상	35	2.5347	.86644		
	합계	106	2.0984	.94048		
시설 자원	50평 이하	10	1.6000	.75533	4.515**	.002
	51~100평 이하	9	1.3810	.67386		
	101~200평 이하	20	1.8643	.81273		
	201~500평 이하	32	2.1473	.99007		
	501평 이상	37	2.5097	.93164		
	합계	108	2.1045	.95455		

* $p<.05$, **$p<.01$, ***$p<.001$

<표 4 - 32> Scheffe의 집단 간 차이 사후 검정

종속변수: 교회의 사회복지참여		평균차이 (I - J)	유의확률
(I) 인적 자원	(J) 인적 자원		
100명 이하	101~500명 이하	- 0.25649	0.752
	501~1,000명 이하*	- 1.15411	0.000
	1,001~2,000명 이하*	- 0.95887	0.039
	2001명 이상*	- 2.12554	0.001
101~500명 이하	100명 이하	0.256494	0.752
	501~1,000명 이하*	- 0.89762	0.011
	1,001~2,000명 이하	- 0.70238	0.203
	2001명 이상*	- 1.86905	0.007
501~1,000명 이하	100명 이하*	1.154113	0.000
	101~500명 이하*	0.897619	0.011
	1,001~2,000명 이하	0.195238	0.986
	2001명 이상	- 0.97143	0.482
1,001~2,000명 이하	100명 이하*	0.958874	0.039
	101~500명 이하	0.702381	0.203
	501~1,000명 이하	- 0.19524	0.986
	2001명 이상	- 1.16667	0.331
2001명 이상	100명 이하*	2.125541	0.001
	101~500명 이하*	1.869048	0.007
	501~1,000명 이하	0.971429	0.482
	1,001~2000명 이하	1.166667	0.331

(3) 지역사회 변인에 따른 교회의 사회복지참여의 차이

독립변수 지역사회변인에 따른 교회의 사회복지참여의 차이를 살펴보기 위해 〈표 4 - 33〉과 같이 일원분산분석을 하였다.

지역사회경제적 특성에 따른 교회의 사회복지참여 차이의 분산분석 결과 교회의 사회복지참여는 2.07로 참여도가 낮은 것으로 파악되었다.

지역사회경제적 특성에 교회의 사회복지참여는 저소득층이 2.095, 중위계층이 2.091, 상층계층이 1.978로 지역사회가 저소득층일수록

교회의 참여가 높은 것으로 나타났다. 그러나 이러한 차이는 통계적으로 유의한 차이는 보이지는 않았다(p>0.918).

지역사회문제의 정도에 따른 교회의 사회복지참여의 차이를 살펴보면, 지역사회문제가 심각한 지역의 교회참여 정도는 2.21로 교회의 사회복지참여가 약간 저조보다 낮았다. 또한 보통지역은 2.09로 약간 저조, 지역사회문제가 심각하지 않은 지역은 1.69로 매우 저조하거나 사회복지참여가 전혀 없는 것으로 나타났다. 그러나 이러한 평균차이는 통계적으로 유의미하지 않았다(p>0.365).

<표 4-33> 지역사회 변인에 따른 교회의 사회복지참여의 차이

구분		N	평균	표준편차	F	p
지역사회 경제적 특성	저소득층	42	2.0952	.92725	.085	.918
	중위계층	58	2.0911	.93571		
	상층지역	13	1.9780	1.03155		
	계	113	2.0796	.93579		
지역사회 문제정도	심각	25	2.2114	1.12495	1.020	.365
	보통	59	2.0920	.83879		
	심각하지 않음	9	1.6984	.85846		
	계	93	2.0860	.92561		

* p<.05, **p<.01, ***p<.001

3. 교회의 사회복지참여에 영향을 미치는 요인

1) 주요 변인 간의 상관관계 분석

중요 변수들과의 상관관계를 분석해 본 결과, 〈표 4-34〉와 같이 종속변인인 교회사회복지참여와 교회지도자들의 목회현장에서 사회복지활동실천은 상관계수 r＝0.587로 상관관계가 매우 높으며 통계적으로 매우 유의미(p<0.001)한 것으로 나타났다. 즉 교회지도자들이 사회복지 실천을 많이 할수록 교회의 사회복지참여도가 높아진다고 할 수 있다.

또한 교회사회복지참여와 교인 수의 상관계수는 r＝0.474의 높은 상관관계를 가지고 있으며 통계적으로 매우 유의미하였다. 또한 교회의 시설규모도 사회복지참여와 매우 높은 상관관계(r＝0.417)를 가지고 있으며 통계적으로 유의미하게 나타났다.

이 밖에도 사회복지특별헌금 횟수(r＝0.343, p<0.05), 교인의 복지태도(r＝0.313, p<0.001), 평신도의 사회복지사업결정참여(r＝0.283, p<0.001) 등은 종속변인과 어느 정도 상관관계가 있으며 통계적으로 유의미한 것은 나타났다.

교회지도자의 사회복지인식도는 r＝0.211로 종속변인과 약한 상관관계를 나타났지만 통계적으로 유의미한(p<0.05) 것으로 나타났다.

반면, 교회재정규모와 종속변인인 사회복지참여는 미약한 상관관계를 나타냈고, 교회총예산 중 사회복지예산 규모는 예상과는 달리 상관관계가 전혀 없으며 통계적으로도 유의미하지 않았다.

<표 4－34> 주요 변인 간의 상관관계 분석

변수	1	2	3	4	5	6	7	8	9	10	11	12	13
출석인원	1	.327(**)	.155(*)	-.066	.254(**)	-.001	.127	-.020	-.070	.092	.044	.051	.474(**)
교회예산		1	-.108	-.068	.207(**)	-.057	.243(**)	.175	-.161	.044	-.090	.137	.198(*)
지역사회경제특성			1	-.039	.075	-.160(*)	-.027	-.141	.234(**)	.143(*)	-.081	-.254(**)	.035

변수	1	2	3	4	5	6	7	8	9	10	11	12	13
사회복지 예산비율				1	.108	.158 (*)	.160 (*)	.061	-.078	.022	.228 (**)	.154	-.032
교인의 복지태도					1	.288 (**)	.073	-.050	.029	.013	.202 (*)	.313 (**)	.313 (**)
지도자의 사회복지 인식						1	-.119	.112	-.124	.172 (*)	.223 (**)	.420 (**)	.211 (*)
교회 시설규모							1	.195	-.024	-.116	.131	.005	.417 (**)
사회복지 특별헌금								1	-.129	.099	.145	.236	.343 (*)
지역사회 문제									1	-.013	-.098	.077	-.102
신학노선										1	-.036	.021	.043
결정참여											1	.270 (**)	.283 (**)
사회복지 실천활동											.	1	.587 (**)
사회복지 참여													1

* p<0.05, **p<0.01

2) 교회의 사회복지참여에 영향을 미치는 요인

다중회귀분석을 통하여 교회지도자 요인, 교회 요인, 지역사회 요인이 사회복지참여에 영향을 미치는 요인을 분석한 결과를 〈표 4-35〉에 제시하였다. 우선 전체 회귀모형의 설명력과 모형의 적합성을 살펴보면, 독립변수들이 종속변수인 교회의 사회복지참여 정도의 설명력은 55.3%로 나타났다. 연구에서 설정한 회귀모형이 통계적으로 적합한 것으로 파악되었다(F=6.954, p<0.05). 또한 다중공선성을 파악하기 위해 공차한계와 분산팽창요인(VIF)을 살펴본 결과 공차한계는 모두 1.0 이하이며, 분산팽창요인(VIF)값도 10.0

미만으로 낮게 나타났으므로 다중공선성 문제가 없는 것으로 파악되어 회귀모형은 적합 것으로 파악되었다.

교회지도자 변인인 사회복지인식, 사회복지실천활동 등의 독립변수가 교회의 사회복지참여에 미치는 영향에 대한 회귀분석 결과는 다음과 같다.

교회지도자 요인 중 교회의 사회복지참여에 유의한 영향을 미치는 변수를 살펴보면 사회복지인식($\beta = 0.167$)은 통계적으로 유의미하지 않았다($p > 0.05$). 반면, 교회지도자의 사회복지실천활동($\beta = .464$)은 교회의 사회복지참여에 긍정적(+)영향을 미치며, 통계적으로 유의미($p < .01$)하였다. 교회지도자의 사회복지실천활동의 베타(β)값으로 볼 때 독립변수 중에서 가장 큰 영향을 미치는 요인으로 파악되었다. 교회지도자의 사회복지인식이 높아도 실천이 없으면 교회의 사회복지참여에 어떤 영향을 미치지 않았다. 그러므로 교회지도자는 사회복지를 생각하는 수준에서 벗어나 사회복지실천을 해야 교회의 사회복지참여도에 중요한 영향을 미칠 수 있게 된다.

교단의 신학 노선이 교회의 사회복지참여에 어느 정도 영향을 미치는지 살펴본 결과, 신학노선의 베타(β)값은 0.042로 독립변수 중에 가장 낮은 영향을 미쳤으며, 통계적으로도 유의미($p > 0.05$)하지 않았다.

독립변수 중에서 유일하게 교회의 사회복지참여에 영향을 미치는 요인은 교회지도자의 실천활동이었다. 교회가 사회복지 프로그램을 실시하는 것은 교회의 크기나, 교인 수가 많고 적음이 아니며, 재정의 규모에 따라서 실시되지 않는다고 볼 수 있다. 교회가 얼마나 사회복지 프로그램을 실시하는가는 목사가 설교시간에 교

인들에게 사회복지에 동참하도록 설교하고, 성도들에게 자원봉사활
동을 유도하는 행동을 해야 하며, 교회지도자 스스로가 사회복지활
동에 동참할수록 교회의 사회복지 프로그램은 활성화된다고 할 수
있을 것이다.

그리고 교회자원의 변인이 사회복지참여에 미치는 영향력을 인
적 자원($\beta = 0.172$), 재정자원($\beta = 0.154$), 시설자원($\beta = 0.230$)으로
살펴보았다. 교회자원은 교회의 사회복지참여에 유의미한 영향을
미치지 않았다($p > 0.05$). 즉 교회의 시설규모, 교인 수, 재정은 교
회가 사회복지참여를 실시하는 데 있어서 영향을 미치는 요인은
아니라고 판단된다.

또한 통제변인으로 지역사회와 인구학적 특성이 교회의 사회복
지참여에 미치는 영향력을 살펴보았다. 그 결과, 인구학적 특성은
교회지도자의 시무연수를 통제 하였으며, 인구학적 특성의 표준화
계수는 -0.024로 부의 관계가 나타났으나 통계적으로는 유의미하
지 않았다($p > 0.05$).

경제적 특성, 지역사회의 문제의 심각성을 통제시켜 교회의 사
회복지참여에 대한 영향력을 살펴본 결과는 경제적 특성($\beta =
0.052$, $p > 0.05$), 지역사회문제의 심각성($\beta = -0.097$, $p > 0.05$)은 교
회의 사회복지참여에 거의 영향을 미치지 않으며, 통계적으로도 유
의미하지 않았다.

<표 4 - 35> 교회의 사회복지참여에 영향을 미치는 요인

구 분		비표준화 계수		표준화 계수	t	p값
		B	표준오차	β		
	(상수)	-1.404	1.174		-1.196	0.239
교회지도자 요인	사회복지인식	0.265	0.194	0.167	1.366	0.179
	사회복지실천활동	0.659	0.196	0.464	3.369**	0.002
	신학노선	0.066	0.180	0.042	0.367	0.715
교회자원 요인	인적 자원	0.000	0.000	0.172	0.959	0.343
	재정자원	0.000	0.000	0.154	1.231	0.225
	시설자원	0.000	0.000	0.230	1.379	0.176
인구학적특성	목회연수	-0.002	0.009	-0.024	-0.217	0.830
지역사회 요인	지역사회경제적 특성	0.064	0.176	0.052	0.362	0.719
	지역사회문제심각성	-0.134	0.186	-0.097	-0.720	0.476
설명력(결정계수) F비 p값		0.553 6.954 0.000				

(종속변수: 교회의 사회복지참여 정도. *p<0.05. **p<0.01. ***p<0.001)

제5장 결론

제1절 요약

본 연구는 교회의 사회복지참여에 관련된 이론을 고찰, 분석한 후 사회복지참여에 미치는 요인 중 교회지도자, 교회자원, 지역사회, 3개 측면에서 분석 틀을 도출하였다. 이와 같은 3개 측면의 분석 틀을 바탕으로 기독교대한성결교회 회원으로 등록된 교회에 현재 시무 중인 교회지도자인 담임목사와 장로 250명(목사, 장로 각각 125명)을 조사, 분석하였다. 교회지도자인 목회자와 장로는 교회운영에 커다란 영향을 끼치며, 교회의 사회복지참여에 있어서도 가장 중요한 위치에서 지도적 역할을 행사할 수 있기 때문에 본 연구에서는 교회지도자를 조사대상자로 선정하였다. 이러한 조사연구분석 결과에 기초하여 앞으로 한국교회사회복지참여에 있어서 나아갈 방향에 관한 기초적 자료를 제시하는 데 연구 목적을 두었다. 이를 위한 구체적인 연구문제는 다음과 같다.

첫째, 교회지도자의 사회복지 의식에 따라 교회의 사회복지참여에 차이가 있는가?

둘째, 교회자원(인적, 재정, 물적)에 따라 교회의 사회복지참여에 차이가 있는가?

셋째, 지역사회의 문제의 심각성에 따라 교회의 사회복지참여에 차이가 있는가?

넷째, 교회의 사회복지참여에 미치는 영향요인은 무엇인가?

이러한 연구문제를 파악하기 위해 연구, 조사한 내용은 교회지도자의 사회복지에 대한 의식과 실천, 신학적노선 측면, 교회의 인적, 재정, 물적 자원 측면, 지역사회문제의 심각성 측면으로 조사, 분석하여 다음과 같은 결과를 얻었다.

연구가설 1. 교회지도자

1-1. 교회지도자의 실천 정도는 교회의 사회복지참여에 차이가 있을 것이다.

교회의 사회복지참여와 교회지도자들의 사회복지활동 실천은 상관관계가 매우 높으며 통계적으로 매우 유의미한 것으로 나타났다. 즉 교회지도자들이 사회복지 실천을 많이 할수록 교회의 사회복지 참여도가 높아졌다. 독립변수 중에서 유일하게 교회의 사회복지참여에 영향을 미치는 요인은 교회지도자의 실천활동이었다. 교회가 사회복지 프로그램을 실시하는 것은 교회의 크기나, 교인 수가 많고 적음이 아니며, 재정의 규모에 따라서 실시되지 않는다고 볼수 있다. 교회가 얼마나 사회복지 프로그램을 실시하는가는 목사가 설교시간에 교인들에게 사회복지에 동참하도록 설교하고, 성도들에게 자원봉사활동을 유도하는 행동을 해야 할 것이다. 따라서 교회지도자 스스로가 사회복지활동에 동참할수록 교회의 사회복지 프로그램은 활성화될 수 있을 것이다. 이러한 결과는 교회지도자의 교인들에 대한 사회봉사활동 권장 정도가 높을수록 교회사회복지 활동이 활발하다는 김미숙(2000)의 선행연구와 사회복지와 관련된 설교횟수가 많을수록 사회복지 프로그램이 증가한다는 성규탁 외 3인(1991)의 선행연구와 일치한다고 할 수 있을 것이다. 그리고 목회자가 사회복지활동에 대해 인식과 의지를 갖고 있으면 교회의 사회복지활동을 직접적으로 활성화시킨다는 민경원(1998)의 연구와 부분적으로 일치한다고 할 수 있다. 왜냐하면 본 연구에 사용된 교회지도자의 사회복지인식과 노력은 선행연구에서 다루지 않은 변수로 자원봉사 권장 정도, 사회복지활동과 관련된 설교횟수, 사회복지예산 증가를 위한 노력, 지역사회복지활동 등을 모두 합한 변수이기 때문에 완전 일치한다고 해석할 수는 없다.

1-2. 교회지도자의 사회복지인식은 교회의 사회복지참여에 차이가 있을 것이다.

교회지도자 요인 중 교회의 사회복지참여에 유의한 영향을 미치는 교회지도자의 사회복지인식은 통계적으로 유의미하지 않았다. 반면, 교회지도자의 사회복지실천활동은 교회의 사회복지참여에 긍정적 영향을 미치며, 통계적으로 유의미하였다. 교회지도자의 사회복지실천활동이 가장 큰 영향을 미치는 요인으로 파악되었다. 교회지도자의 사회복지인식이 높아도 실천이 없으면 교회의 사회복지참여에 어떤 영향도 미치지 않았다. 그러므로 교회지도자는 사회복지를 생각하는 수준에서 벗어나 사회복지실천을 해야 교회의 사회복지참여도에 중요한 영향을 미칠 수 있을 것이다.

1-3. 교회지도자의 신학적 노선은 교회의 사회복지참여에 차이가 있을 것이다.

교단의 신학 노선이 교회의 사회복지참여에 어느 정도 차이가 있는지 살펴본 결과, 신학노선은 가장 낮은 영향을 미쳤으며, 통계적으로도 유의미하지 않았다. 이론적 연구에서 성결교회가 다른 기독교 교단에 비해 사회복지참여율이 낮은 원인이 보수적 성향이 강하기 때문이라고 보고되었다. 과거에 보수성향이 높은 성결교회 목회자들은 사회복지를 비성경적으로 매도하는 경향을 보였다. 그러나 본 연구에서는 신학노선이 교회의 사회복지참여에 유의미한 영향을 미치지 않는 것으로 나타났다.

연구가설 2. 교회자원

2-1. 교회의 재정자원은 교회의 사회복지참여에 차이가 있을 것이다.

교회의 재정규모와 사회복지참여는 미약한 상관관계를 나타냈고, 교회 총 예산 중 사회복지예산 규모는 예상과는 달리 상관관계가 전혀 없으며 통계적으로도 유의미하지 않았다.

2-2. 교회의 인적 자원은 교회의 사회복지참여에 차이가 있을 것이다.

교회의 사회복지참여와 교인 수의 상관계수는 통계적으로 매우 유의미하게 나타났다. 교인 수가 많을수록 사회복지활동이 활발하다는 민경원(1998), 김진상(2005)의 선행연구와 일치하였다. 그리고 교인의 인식과 호응도가 높아야 교회의 사회복지활동이 활발하다는 유장춘(2000), 김미숙(2000)의 선행연구와 일치하였다.

2 - 3. 교회의 물적 자원은 교회의 사회복지참여에 차이가 있을
       것이다.
교회의 물적 자원과 사회복지참여와 매우 높은 상관관계를 가지
고 있으며 통계적으로 유의미하게 나타났다.
그 밖에도 사회복지특별헌금 횟수, 교인의 복지태도, 평신도의
사회복지사업결정참여 등은 종속변인과 어느 정도 상관관계가 있
으며 통계적으로 유의미한 것으로 나타났다. 반면, 교회재정 규모
와 사회복지참여는 미약한 상관관계를 나타냈고, 교회총예산 중 사
회복지예산 규모는 예상과는 달리 상관관계가 전혀 없으며 통계적
으로도 유의미하지 않았다.

연구가설 3. 지역사회문제의 심각성

3 - 1. 지역사회문제의 심각성은 교회의 사회복지참여에 차이가
       있을 것이다.

3 - 2. 지역사회 지리적 위치는 교회의 사회복지참여에 차이가
       있을 것이다.

3 - 3. 지역사회의 경제적 특성은 교회의 사회복지참여에 차이가
       있을 것이다.

교회의 사회복지참여에 미치는 영향력으로 지역사회의 문제의 심각성, 지리적 위치, 지역사회의 경제적 특성을 통제시켜 교회의 사회복지참여에 대한 영향력을 살펴본 결과 지역사회문제의 심각성, 지리적 위치, 경제적 특성은 교회의 사회복지참여에 거의 영향을 미치지 않으며, 통계적으로도 유의미하지 않게 나타났다.

연구가설 4. 교회의 사회복지참여에 미치는 영향 요인

4-1. 교회의 사회복지참여에 영향을 미치는 유의미한 요인이 있을 것이다.

다중회귀분석을 통하여 교회지도자 요인, 교회 요인, 지역사회 요인이 사회복지참여에 영향을 미치는 요인을 분석한 결과는 다음과 같다. 우선 전체 회귀모형의 설명력과 모형의 적합성을 살펴보면, 독립변수들이 종속변수인 교회의 사회복지참여 정도를 설명하는 능력은 55.3%로 나타났다. 연구에서 설정한 회귀모형이 통계적으로 적합한 것으로 파악되었다($F = 6.954$, $p < 0.05$). 또한 다중공선성을 파악하기 위해 공차한계와 분산팽창요인(VIF)을 살펴본 결과 공차한계는 모두 1.0 이하이며, 분산팽창요인값(VIF)도 10.0 미만으로 낮게 나타났으므로 다중공선성 문제가 없는 것으로 파악되어 회귀모형은 적합 것으로 파악되었다.

교회지도자 변인인 사회복지인식, 사회복지실천활동 등의 독립변수가 교회의 사회복지참여에 미치는 영향에 대한 회귀분석 결과는 다음과 같다.

교회지도자 요인 중 교회의 사회복지참여에 유의한 영향을 미치
는 변수를 살펴보면 사회복지인식($\beta = 0.167$)은 통계적으로 유의미하
지 않았다($p > 0.05$). 반면, 교회지도자의 사회복지실천활동($\beta = .464$)
은 교회의 사회복지참여에 긍정적(+) 영향을 미치며, 통계적으로 유
의미($p < .01$)하였다. 교회지도자의 사회복지실천활동의 베타(β)값으
로 볼 때 독립변수 중에서 가장 큰 영향을 미치는 요인으로 파악
되었다. 교회지도자의 사회복지인식이 높아도 실천이 없으면 교회
의 사회복지참여에 어떤 영향을 미치지 않았다. 그러므로 교회지도
자는 사회복지를 생각하는 수준에서 벗어나 사회복지실천을 해야
교회의 사회복지참여도에 중요한 영향을 미칠 수 있다.

교단의 신학노선이 교회의 사회복지참여에 어느 정도 영향을 미
치는지 살펴본 결과, 신학노선의 베타(β)값은 0.042로 독립변수 중
에 가장 낮은 영향을 미쳤으며, 통계적으로도 유의미($p > 0.05$)하지
않았다.

독립변수 중에서 유일하게 교회의 사회복지참여에 영향을 미치
는 요인은 교회지도자의 실천활동이다. 교회가 사회복지 프로그램
을 실시하는 것은 교회의 크기나, 교인 수가 많고 적음이 아니며,
재정의 규모에 따라서 실시되지 않는다고 볼 수 있다. 교회가 얼
마나 사회복지 프로그램을 실시하는가는 목사가 설교시간에 교인
들에게 사회복지에 동참하도록 설교하고, 성도들에게 자원봉사활동
을 유도하는 행동을 해야 하며, 교회지도자 스스로가 사회복지활동
에 동참할수록 교회의 사회복지 프로그램은 활성화된다고 할 수
있다.

그리고 교회자원의 변인이 사회복지참여에 미치는 영향력을 인

적 자원($\beta = 0.172$), 재정자원($\beta = 0.154$), 시설자원($\beta = 0.230$)으로 살펴보았다. 교회자원은 교회의 사회복지참여에 유의미한 영향을 미치지 않았다($p > 0.05$). 즉 교회의 시설규모, 교인 수, 재정은 교회가 사회복지참여를 실시하는 데 있어서 영향을 미치는 요인은 아니라고 판단된다.

또한 통제변인으로 지역사회와 인구학적 특성이 교회의 사회복지참여에 미치는 영향력을 살펴본 결과, 인구학적 특성은 교회지도자의 시무연수를 통제하였으며, 인구학적 특성의 표준화 계수는 -0.024로 부의 관계가 나타났으나 통계적으로는 유의미하지 않았다($p > 0.05$). 경제적 특성, 지역사회의 문제의 심각성을 통제시켜 교회의 사회복지참여에 대한 영향력을 살펴본 결과는 경제적 특성 ($\beta = 0.052$, $p > 0.05$), 지역사회문제의 심각성($\beta = -0.097$, $p > 0.05$)은 교회의 사회복지참여에 거의 영향을 미치지 않으며, 통계적으로도 유의미하지 않았다.

제2절 제언

본 연구의 조사, 분석한 결과를 토대로 앞으로 기독교대한성결교회의 사회복지참여 방안에 대하여 정책적 그리고 실천적인 함의 순으로 제언을 하고자 한다.

첫째, 교회지도자의 사회복지실천활동을 강화해야 할 것이다.

본 연구 조사결과에 의하면 교회지도자들이 사회복지실천을 많이 할수록 교회의 사회복지참여가 높게 나타났다. 교회가 사회복지 서비스 프로그램을 제공하는 것은 교회의 규모가 크거나 교인 수 가 많고 적음이 아니라고 할 수 있다. 이것은 교회사회복지참여는 교회가 사회의 빛과 소금의 역할을 할 의무를 지니고 있으며 '너희가 짐을 나누어지라'는 주님의 말씀은 교회사회복지참여에 대한 가르침이라 할 수 있다. 교회가 하나님의 뜻을 실천하는 것은 섬김을 통한 선교복지가 하나의 사명이라 할 수 있다. 따라서 사회복지의 기원이 교회의 사회봉사에서 찾아볼 수 있듯이 교회지도자의 사회복지실천활동을 강화해야 할 것이다. 이를 위해서 교회의 아동부, 청년부, 장년부 등을 아동복지, 청년복지, 장애인복지, 노인복지 등의 교회사회복지제도를 활성화시키는 데 교회지도자가 적극적으로 참여해야 할 것이다.

둘째, 교회의 사회복지에 대한 교회지도자의 인식 변화가 요구된다.

본 연구 조사결과에 의하면 교회의 지도자의 사회복지실천활동은 교회의 사회복지참여에 긍정적인 영향을 미치는 것으로 나타났다. 이와 같이 교회지도자의 적극적인 사회복지활동이 없이는 교회사회복지참여는 불가능하다고 할 것이다. 교회의 사회복지실천과 활동의 정신과 시작이 모두 성서에서 시작되었다. 따라서 교회의 사회복지참여의 첫 번째 관문인 교회지도자의 인식변화가 요구된다. 교회지도자의 인식변화를 위해서는 교회지도자를 양성하는 신학대학원에서 교회사회복지의 필요성, 당위성과 그 방법들을 교육시켜야 할 것이다. 그리고 이미 졸업한 교회지도자에게는 재교육과정에 사회복지과목을 이수케 하여 교회사회복지참여에 폭넓은 식

견과 안목을 갖도록 해야 할 것이다.

셋째, 교회 재정자원의 사회복지예산을 증액해야 할 것이다.

본 연구 조사결과에 의하면 교회재정규모의 사회복지예산은 매우 미약한 것으로 나타났다. 교회사회복지예산은 교회의 규모와 성도들의 수, 그리고 특별한 사정, 목회자와 성도들의 사회복지에 대한 인식에 따라 다를 수 있을 것이다. 그러나 규모와 성도에 관계없이 교회 전체 예산의 20% 이상이 되도록 증액해야 할 것이다. 논의한 바와 같이 오늘날 한국교회는 양적, 질적 성장을 이룩하였지만 사회복지의 예산이 너무 미약하여 사회로부터 거친 비난을 받고 있는 실정을 지적할 수 있다. 교회는 정부로부터 면세받고 있으며 성도들로부터 다양한 헌금을 받고 있기 때문에 교회사회복지예산을 증액해야 할 것이다. 이와 같이 사회복지예산을 증액하게 되면 사랑을 실천하는 교회, 섬김의 교회로서 선교사회복지의 장이 이루어질 것이다.

넷째, 교회사회복지에 교회 인적 자원을 활용해야 할 것이다.

본 연구 조사결과에 의하면 교인 수가 많을수록 사회복지활동이 활발하게 나타났다. 교회 인적 자원은 학생, 교육자, 전문경영인, 법조인, 의료인 등 매우 다양하다고 할 것이다. 이러한 다양한 인적 자원을 교회사회복지조직 구성으로 활용해야 할 것이다. 교회사회복지를 활성화하기 위해서는 교회사회복지부서를 조직하는 것이 가장 중요하다고 하겠다. 따라서 조직의 명칭은 교회사회복지실천위원회, 지역사회주민 섬김위원회, 교회자원봉사부 등을 들 수 있을 것이다. 이러한 조직원들에게 전문가를 초빙하여 교육과 훈련을 실시할 수 있어야 할 것이다.

다섯째, 교회의 지역사회복지참여 프로그램 개발이 요구된다.

교회는 지역사회주민 모두가 하나님의 자녀라는 사실을 인정해야 할 것이다. 교회성도들만이 선택된 하나님의 자녀라는 우월감이 교회의 지역사회복지에 대한 피상적이고 선언적인 명분에 지나지 않게 될 것이다. 따라서 교회는 지역사회복지에 대한 확고한 사회복지 프로그램을 개발해야 할 것이다. 이를 위해서는 ① 지역사회주민의료사업, ② 호스피스, ③ 지역사회복지선교관, ④ 독거노인 돕기, ⑤ 무의탁 노인을 위한 양로원, ⑥ 소년소녀가장 돕기, ⑦ 도서실 운영, ⑧ 유아와 탁아사업, ⑨ 쉼터, ⑩ 알뜰바자회, ⑪ 절약운동, ⑫ 사회복지관, ⑬ 인터넷실 운영, ⑭ 노인문화교실, ⑮ 실직가정 돕기, ⑯ 마약증폭, 가정폭력, 에이즈, 동성애자를 위한 상담 등 프로그램을 개발해야 할 것이다.

여섯째, 성결교회는 봉사신학에 근간을 둔 사회복지 정책을 세워야 할 것이다.

웨슬레는 영적 부흥운동만을 위해 일한 것이 아니라 당시의 사회적 고통과 고난받는 사람들을 위한 사회봉사활동, 사회복지활동을 적극적으로 전개하였었다. 그는 신앙의 본질은 내면적이지만 신앙의 증거는 사회적이라고 강조했었다. 웨슬레의 사회적 성화는 성육신적 요소로 죄악에서 분리된 성결의 힘을 갖고 세속을 찾아가는 성육신의 참여, 곧 사랑의 구체적 행위를 세상 속에서 실천하여 세상의 빛과 소금이 되는 것이다.

이러한 신학사상을 배경으로 웨슬레는 다양한 사회복지운동을 펼치는 한편 당시 사회의 구조적 변혁과 시민의 의식 개혁에 적극적으로 활동하였다. 이제 기독교대한성결교회는 시대적 상황과 교회 내외적 요구에 따라 개인과 사회, 역사와 민족의 문제에 함께 고민하고 동참하는 교단으로서 사회봉사신학에 의한 사회복지정책을 세우고 복지활동에 참여해야 할 것이다. 만일 교회가 사회문제와 사회개혁에 대한 참여와 책임을 느끼지 못한다면 주기도문이 공허하게 될 것이다. 그러므로 교회사회복지를 실천하여 하나님의 뜻이 하늘에서 이루어진 것처럼 땅에서 역사와 민족에게 정의와 평화, 그리고 사랑이 성취되게 해야 할 것이다.

일곱째, 신앙과 전문지식을 겸비한 인력정책을 수립해야 할 것이다.

사회봉사는 누구나 할 수 있다. 중요한 점은 성서적 신앙이 바탕이 되어 사회봉사를 수행해야 바람직하다고 할 수 있다. 교회가 요청하는 사회복지사는 물론 교회지도자도 사회복지신학이 있어야 할 것이다. 교회지도자의 사회복지의식은 교인들에게 직접적인 영향을 주기 때문이다. 교회는 이제 목회와 사회복지를 통합하는 협력사역(Team Ministry)이 필요할 때이다. 이에 대한 방안으로 전인적인 복지를 위해 신학대학 또는 신학대학원에는 사회복지학과 교과과정을, 사회복지학과에는 교회사회복지신학(봉사신학) 과목을 개설하여 수강하도록 강화해야 할 것이다. 그 주된 이유는 사회복지를 위해 체계적인 정책을 세워 집행하고 평가하는 일, 이 모든 과정을 통틀어 관리하는 일은 전문적인 영역이라고 할 수 있기 때문이다. 일반 사회에서도 사회복지 조정자(coordinator), 관리자(manager)로서 자격을 구비하기 위해서 2년에서 4년여의 전공과정을 거쳐야 하는데도 교회에서는 너무 안일하게 대처하고 있는 실정이다. 따라서 교단은 신앙과 전문지식을 겸비한 인재를 목회의 파트너로 활동할 수 있도록 정책을 수립해야 할 것이다.

여덟째, 사회복지 재원 마련을 위한 교회의 적극적인 참여가 요청된다.

교회사회복지의 활성화의 조건은 무엇보다도 중요한 것은 자체적인 물질적 재원이라 할 수 있다. 물론 사회복지법인화되어 있거나 사단법인화되어 있는 사회복지기관과 시설은 어느 정도 정부의 지원을 받지만, 여기에는 정부가 의도하는 목적에 따라야 하는 경직성이 있게 된다. 교회의 방향에 따라 자유롭게 사회복지를 전개하기 위해서는 자체적인 재원 조달을 해야 할 것이다. 중요한 사실은 교회지도자들의 인식과 실천이라 할 수 있다. 이 재원이 수혜자를 섬기는 데 쓰일 수 있도록 논의한 바와 같이 헌금총액의 20% 이상을 사회복지비용으로 책정해야 할 것이다. 초대교회에서 교회예산의 1/3을 빈민과 고통당하는 자들을 위해 사용하였던 사실을 우리는 상기하여 반성해야 할 것이다. 예산 증액을 위해 걸림돌이 되는 것을 찾아 제거해야 할 것이다. 이를 위해서 교회지도자와 교인들의 사회복지에 대한 의식을 개선해야 하며, 신앙실천에 있어서 사회복지(사회봉사)가 차지하는 위치를 재검토해야 할 것이다. 교회사회복지에 관심은 있으나 이를 위한 구체적인 방법이 부재하는 경우는 교단적인 교회사회복지활성화 정책을 세워 세미나 혹은 수련회 등을 개최하므로 효과를 극대화할 수 있을 것이다. 사회복지는 더불어 사는 행복한 삶이라 할 수 있다. 더불어 사는 삶은 나누는 삶을 말한다. 나눔은 마치 나무와 같은 것이다. 나무와 나무가 더불어 살면 숲을 이루어 바람을 막아주듯이, 나누어 주는 삶은 모두를 상생(相生)하게 하고 행복하게 할 것이다.

아홉째, 교단적인 사회복지 전담기구 설립이 요구된다.

교단적인 사회복지 전담기구 설립은 복지의 전문화와 효율성을 위해서 반드시 설립해야 할 것이다. 이를 위해서 각 지방회(노회)별로 기구를 확대하면 전국적인 규모의 전달체계 혹은 지역사회를 위한 교회사회복지 지역협의체가 될 수 있을 것이다. 이러한 사회복지 기구는 다음과 같은 기능을 수행할 수 있다. 교단과 지방회, 지방회와 지역교회와의 사회복지에 관한 정보와 자료교환을 통하여 인적, 재정, 물적 자원을 효율적으로 활용하여 효과를 증대할 수 있을 것이다. 또한 지역사회의 협력망을 통해 프로그램의 중복으로 인한 인력과 재정의 낭비를 막을 수 있고, 다양한 서비스를 체계적으로 전달하므로 서비스 제공의 효과를 증대할 수 있을 것이다.

열째, 교회의 물적 자원인 시설을 개방하여 지역사회복지활동의 중심센터를 구축해야 할 것이다.

물적 자원은 교회가 가지고 있는 시설과 공간을 의미한다. 교회는 인적, 물적, 재정자원이 다른 사회단체보다 다양하지만, 무엇보다도 사회복지의 시설자원으로 이용할 수 있는 기능적인 시설을 가지고 있다. 대개의 교회들은 예배당, 교육관, 식당, 주차장, 놀이시설 등을 보유하고 있으며, 부속기관으로 선교센터, 유치원(어린이집, 선교원, 유아원 등), 사회관을 운영하고 있는 교회도 상당 수 있다. 교회는 이와 같은 사회복지를 위한 시설이나 공간을 선교와 함께 지역사회의 복지시설로 사용할 수 있을 것이다. 교회들은 사회복지자원으로 활용할 수 있는 최적의 장소가 되며, 지역사회에 교회시설들을 자원으로 동원할 때에 주민복지의 중심센터로 구축될 것이다. 또한 사회복지사업에 민간참여라는 의미에서 공헌할 뿐만 아니라 재정자원을 교회 자체만을 위한 유지와 건축을 위해 대부분 소비할 뿐 사회에 환원하지 않는다는 비난으로부터 벗어날 수 있을 것이다. 교회시설을 지역사회에 개방하여 아동, 청소년, 주부, 노인 등을 대상으로 한 지역사회의 장으로 개설하여 사회복지사업을 실시해야 할 것이다. 교회시설을 동원하여 교회기능에 혼란을 초래하지 않는 한도 내에서 주민들의 문화공간, 아동방과 후 교실, 청소년의 쉼터, 주부교실, 노인교실, 주민 상담교실, 의료봉사, 노인주간보호센터 등 지역주민들의 다양한 활동의 장으로 활용하므로 교회가 지역사회의 선교와 복지의 복합센터로의 역할을 담당할 수 있을 것이다.

따라서 본 연구의 제한점은 조사대상이 기독교대한성결교회에 국한되어 범교단에까지 일반화시켜 적용하는 데는 문제가 있을 수 있다. 또한 교회의 사회복지참여도를 목회자와 장로의 자의적 보고에 의존하여 평가함으로써 조사결과상의 오류가 있을 수 있다.

참고문헌

1. 국내문헌

1) 단행본

강성렬. 『기독교와 경제』. 서울: 한들출판사, 1999.

강영안. 『도덕은 무엇으로부터 오는가: 칸트의 도덕철학』. 서울: 소나무, 2000.

고재식 편역. 『기독교 윤리학 방법론』. 서울: 대한기독교서회, 1985.

곽안전. 『한국교회사』. 서울: 대한기독교서회, 1973.

곽효문 편. 『기독교 사회복지론』. 서울: 제일 법규, 2000.

권영성. 『헌법학원론』. 서울: 법문사, 1999.

구금섭. 『요한웨슬레의 교회사회복지신학』. 파주: 한국학술정보(주), 2007.

기독교대한감리회 사회평신도국 편. 『사회봉사의 이론과 실제』. 서울: 기독교대한 감리회 홍보출판국, 1998.

기독교대한성결교회. 『헌법』. 기독교대한성결교회출판부, 2006.

김경민. 『교회사회사업』. 서울: 베데스다 선교회, 1986.

김기원. 『기독교 사회복지론』. 서울: 대학출판사, 1998.

_____. 『한국사회복지정책론』. 서울: 나눔의 집, 2003.

김기태, 박병현, 최송식. 『사회복지의 이해』. 서울: 박영사, 2000.

김덕준. 『기독교 사회복지』. 서울: 한국기독교사회복지학회, 1987.

김만두, 한혜경. 『현대사회복지개론』. 서울: 홍익제, 1997.

김명근. 『희년연구』. 서울: 새순출판사, 1992.

김문경. 『요한신학』. 서울: 한국성서학연구소, 2004.

김미숙, 김유경, 김성희. 『자원봉사센터의 현황과 효율적 운영방안』. 한국보건사회연구원, 1998.

김범종. 『사회과학 연구 조사방법론 워크북』. 서울: 석정, 2001.

김석준. 『국가변동론』. 서울: 법문사, 1994.

김성철. 『교회사회사업』. 부천: 평화사회복지연구소, 1998.

_____. 『교회사회복지 실천론』. 서울: 한국강해설교학교출판부, 2003.

김영모. 『현대사회정치론』. 서울: 형설출판사, 1983.

_____. 『사회복지학』. 서울: 한국복지정책연구소, 1991.

김영종. 『복지정책론』. 서울: 형설출판사, 1988.

김융일, 조흥식, 김연옥. 『사회복지실천론』. 서울: 나남출판, 2000.

김응조. 『황야의 과객』. 서울: 성청사, 1968.

김장대. 『기독교사회복지학』. 서울: 도서출판 진흥, 1998.

김종환. 『기독교 사회복지원론』. 부천: 서울신대출판부, 1994.

김창근. 『불붙는 가시덤불』. 서울: 성광문화사, 1977.

김태성. 『사회복지정책입문』. 서울: 청목출판사, 2006.

김태성, 성경륭. 『복지국가론』. 서울. 나남, 2001.

김태열. 『현대사회문제와 구세군 사회사업』. 서울: 유풍출판사, 1996.

김한옥. 『기독교 사회봉사의 역사와 신학』. 부천: 실천신학연구소, 2004.

김흥수. 『한국전쟁과 기복신앙확산 연구』. 서울: 한국기독교역사연구소, 1999.

남세진. 『인간과 복지』. 서울: 한울, 1992.

남세진, 조흥식. 『한국사회복지론』. 서울: 나남출판사, 1996.

남일재, 양정하, 조윤득, 윤성호, 신현석, 조은정, 오 주, 윤은경, 임 혁, 김태준. 『사회복지개론』. 파주: 공동체, 2006.

노치준. 『한국의 교회조직』. 서울: 민영사, 1995.

민경배. 『한국기독교회사』. 서울: 대한기독교서회, 1980.

_____. 『선명회 한국 50년운동사』. 서울: 선명회, 2001.

박동현. 『예언과 목회』. 서울: 한국장로교출판사, 1993.

박병현. 『사회복지정책론』. 서울: 현학사, 2003.

박성호. 『한국의 종교와 사회복지』. 서울: 제이엔씨, 2005.

박수암. 『산상보훈』. 서울: 대한기독교서회, 1990.

박영호. 『기독교 사회복지』. 서울: 기독교문서선교회, 2004.

박요일. 『출애굽기 강해』. 서울: 크리스챤서적, 1987.

박정호. 『사회복지정책론』. 서울: 학지사, 2001.

박종삼. 『교회사회봉사 이해와 실천』. 서울: 인간과 복지, 2000.

_____. 『사회복지학개론』. 서울: 학지사, 2002.

복지개혁백서편찬위원회. 『국민복지 새 지평을 열다: '삶의 질 세계화'를 위한 복지개혁』. 1997.

서울신학대학교 성결교회역사연구소. 『한국성결교회 100년사』. 서울: 기독교대한성결교회 출판부, 2007.

서인석. 『성서속의 가난한 사람들』. 서울: 분도출판사, 1985.

성규탁, 김동배, 은준관, 박준서. 『한국교회의 사회복지 참여에 관한 연구』. 서울: 연세대학교 신과대학 부설 한국기독교문화연구소, 1991.

성종현. 『신약성서의 중심 주제들』. 서울: 장로회신학대학교출판부, 1998.

세계복음주의협의회 편. 『복음전도와 사회적 책임: 그랜드 래프드즈 보고서』. 한화룡 역. 서울: 두란노 서원, 1986.

세계복음화를 위한 로잔위원회. 세계복음주의 협의회 편. 『복음전도와 사회적 책임: 그랜드 래프드즈 보고서』. 한화룡 역. 서울: 두란노서원, 1986.

손병덕. 『기독교와 사회복지』. 서울: 대한예수교장로회총회, 2005.

송근원. 『사회복지와 정책과정』. 서울: 대영문화사, 1994.

송근원, 김태성. 『사회복지정책론』. 서울: 나남출판, 1995.

신광섭. 『한국 기독교의 복지사적 고찰』. 서울: 한국장로교출판사, 1994.

신섭중. 『한국사회복지정책론』. 서울: 대학출판사, 1993.

심대섭 편. 『종교와 사회복지』. 이리: 원광대학교 출판국, 1993.

아키이에 H. 니노미야. 『사회복지신학』, 전광현 역. 서울: 예영커뮤니케이션. 1999.

안수훈. 『한국 성결교회 성장사』. 기독교미주성결교회 출판부, 1981.

양창삼. 『기독교와 사회봉사』. 서울: 한양대학교출판부, 1992.

오치준. 『한국 개신교 사회학』. 서울: 한마음 아카데미, 1998.

유태균. 『사회복지 자료분석의 기초원리』. 고양: 공동체, 2006.

유의웅 편. 『한국교회와 사회선교』. 서울: 예영커뮤니케이션, 1996.

_____. 『현대 교회와 사회봉사』. 서울: 대한예수교장로회 총회출판국, 1991.

원석조. 『사회복지정책론』. 고양: 공동체, 2006.

이덕주. 『태화기독교사회복지관의 역사』. 서울: 태화기독교사회복지관, 1993.

이만식. 『한국교회의 사회봉사 실태와 대안』. 서울: 대한예수교장로회 총회사회부, 2000.

이삼열. 『기독교와 사회이념』. 서울: 한국신학연구소, 1986.

이삼열 편. 『사회봉사의 신학과 실천』. 서울: 도서출판 한울, 1992.

이성희. 『미래사회와 미래교회』. 서울: 대한기독교서회, 1997.

이원규. 『한국교회의 사회학적 이해』. 서울: 성서연구사, 1996.

이원규 편. 『한국교회와 사회』. 서울: 도서출판 나단, 1996.

이천영. 『성결교회사』. 서울: 기독교대한성결교회출판부, 1970.

임성빈 편. 『한국교회와 사회적 책임』. 서울: 장로회신학대학교 출판부, 1997.

임종운, 임구원. 『기독교사회복지론』. 서울: 홍익제, 2003.

장인협. 『사회복지개론』. 서울: 한국사회개발연구원, 1984.

_____. 『아동복지론』. 서울: 서울대학교출판부, 1984.

장흥길. 『신약성경윤리』. 서울: 장로회신학대학교출판부, 2002.

전광현, 강춘근, 김만철, 김진수, 박상호, 박현식, 손용철, 신민선, 신연식, 오성훈. 『기독교 사회복지의 이해』. 파주: 양서원, 2005.

조휘일, 이윤로. 『사회복지실천론』. 서울: 학지사, 2001.

종교사회복지포럼. 『시민사회와 종교사회복지』. 서울: 학지사, 2003.

최무열. 『한국교회와 사회복지』. 서울: 나눔의 집, 2004.

최성규. 『교회복지목회론』. 서울: 한국강해설교학교출판부, 2003.

한국교회사회사업학회. 『교회사회사업편람』. 서울: 인간과 복지, 2003.

한국기독교문화진흥원 편. 『교회와 국가』. 서울: 도서출판 엠마오, 1991.

한국기독교사회복지회 편. 『기독교와 사회복지』. 서울: 도서출판 예안, 1995.

한국기독교사회복지협의회 편. 『한국기독교사회복지총람』. 서울: 보이스사, 2007.

한국기독교역사연구소. 『한국기독교의 역사Ⅱ』. 서울: 기독교문사, 1991.

한국사회복지선교연구원. 『선교와 사회복지』. 서울: 신흥메드싸이언스,

2003.

한국사회복지연구소.『기독교와 사회복지』. 서울: 홍익제, 2001.

한국자원봉사능력개발연구회. 『한국교회사회봉사사업조사연구』. 서울:
　　성광문화사, 1990.

황진수.『현대복지행정론』. 서울: 도서출판 부루칸모로, 1990.

현외성.『사회복지정책강론』. 서울: 양서원, 2001.

　　　.『복지국가의 위기와 신보수주의적 재편』. 서울: 대학출판사, 1992.

호태석, 황정혜,『교회와 노인복지』, 안양: 갈릴리출판사, 2002.

2) 논문

곽효문. "사회복지공급의 민영화에 관한 연구". 한영신학대학교『교수
　　논문집』. Vol.5, 2001: 383 - 404.

강인철. "카톨릭 신자들의 사회복지의식 — 비교분석을 중심으로".『21세
　　기 한국 카톨릭사회복지의 전망』. 서울 카톨릭사회복지회, 1996.

강혜영. "한국교회의 사회복지사업 개발에 대한 기초 연구". 서울여자
　　대학교 대학원 석사학위논문, 1989.

고경환. "한국 종교계의 사회복지지원금 실태분석 2001 - 2003". 한국
　　보건사회연구원『보건복지포럼』, 2006.

고양곤. "한국 기독교사회복지의 전망과 발전방향". 한국사회복지연구
　　소 편.『기독교와 사회복지』. 서울: 홍익제, 2001.

"공고: 제1회 사회사업자 대회".『활천』. 1954년 10월호.

권순원. "사회복지에 대한 민간참여 확대 방안".『사회복지』. 1998년
　　봄호: 53 - 63.

길보른. E. A. "진정한 사자".『활천』. 1926년 6월호: 1 - 3.

김강미자, 이병숙. "영성 spirituality의 개념 분석".『대한간호학회지』.
　　Vol.30 No.5, 2000: 460 - 68.

김기원. "종교기관의 지역사회복지 활성화 방안".『종교와 지역사회복
　　지』. 한국 종교계 사회복지 대표자협의회, 2000.

　　　. "기독교와 한국의 사회복지정책".『기독교사회연구』. 서울: 숭
　　실대 기독교 사회연구소, 2005.

김능환. "기독교 사회복지사상이 복지정책에 미친 영향에 관한 연구". 단국대학교 행정대학원 석사학위논문, 1991.

김동배. "교회 사회봉사의 비판적 고찰". 연세대학교 사회복지연구소『연세사회복지연구』. 창간호, 1993: 93 - 117.

_____. "교회 사회봉사 사업의 실태". 대한예수교장로회 총회 사회부 편. 『교회사회봉사총람』. 서울: 한국장로교출판사, 1994: 314 - 70.

김동춘. "교회적 디아코니아와 국가적 사회복지: 사회복지는 교회의 사회적 책임을 위한 교회적 대안인가?". 한국복음주의신학회『성경과 신학』. Vol.33. 2003: 306 - 30.

김미숙, 홍석균, 이만식, 유장춘. "종교계의 사회복지활동과 활성화 방안 연구: 교회의 사회복지활동을 중심으로". 서울: 보건사회연구원, 1999.

김미숙. "교회의 사회복지활동에 영향을 미치는 요인에 관한 연구". 한국보건사회연구원, 2000.

김성철. "성서적 측면에서 본 사회복지이념". 김성철.『기독교와 사회복지』. 서울: 도서출판 예안, 1995: 46 - 66.

김성한. "사회복지에 대한 이해". 한림대 사회복지연구소 편.『복지국가 위기와 사회정책의 전망』, 서울: 한울아카데미, 1998.

김승용. "기독교 사회운동". 한국교회사회사업학회 편.『교회사회사업편람』. 서울: 인간과 복지, 2003.

김승현. "교회복지정책이 지역사회 발전에 미치는 영향". 단국대학교 행정대학원 석사학위논문, 1997.

김윤재. "한국 기독교 사회복지의 개선 방향". 한영신학대학교『교수논문집』. Vol.3, 1999: 291 - 313.

김은수. "기독교 사회복지의 신학적 패러다임". 한국신학연구소『신학사상』. 제112집, 2001: 182 - 201.

김은수, 이신형. "기독교 사회복지 신학을 위한 기초작업".『기독교사상』, 1998년 7월호.

김응조. "성결교회의 진로".『활천』. 제1집, 1962년 4월호. 5 - 6.

_____. "금년 총회의 신 사항".『활천』. 1956년 5월호. 44 - 45.

_____. "정화와 부흥".『활천』. 1956년 6월호. 3 - 4.

김인서. "순교자 손양원목사를 추모함". 『신앙생활』. 1951년 7/8월호.

김인숙, 최혜경, 이선우. "한국 카톨릭 사회복지의 실태와 전망". 주교
회의 사회복지위원회 전국연수회 자료집, 1997.

김인숙. "종교계 사회복지 참여 현황 및 활성화 방안". 『사회복지』. 겨
울호. 1998.

김인종. "복지다원 사회에 있어서 종교의 사회복지 역할". 국제문화학
회 『역사와 사회』. 3권 24호. 원광보건대학, 1999: 193 – 8.

김종해. "도시지역 지역사회 행동의 주민참여 요인에 대한 연구: 부천시
조례제정운동을 중심으로". 서울대 대학원 박사학위논문, 1995.

김주연. "교회사회봉사 사업에 관한 조사연구". 경성대 사회복지대학원
석사학위논문, 2000.

김지철. "신약성서의 사회봉사". 대한예수교장로회 총회 사회부 편. 『교
회 사회봉사총람』. 서울: 대한예수교장로회 총회 출판국, 1994:
123 – 30.

김진상. "교회의 지역사회복지활동 활성화에 영향을 미치는 요인에 관
한 연구". 연세대 행정대학원 석사학위논문, 2005.

김창섭. "한국교회의 지역사회복지 참여방안에 대한 연구". 서울신학대
학교 대학원 석사학위논문, 1997.

김철성. "기독교사회복지 이념의 발전방향에 관한 연구". 서울대 대학
원 석사학위논문, 1994.

남경현. "기독교의 사회복지에의 공헌". 서울여자대학교. 『논문집』,
Vol.1, 1972: 87 – 96.

"뉴 – 스: 총회본부에서의 요망". 『활천』. 1959년 10월호.

맹용길. "교회의 사회적 역할". 『장신논단』. 제12집. 서울: 장신대출판
부, 1996.

_____. "교회 사회복지의 이해". 기독교윤리실천운동 사회복지위원회.
『교회의 사회복지 참여하고 실천하기』. 서울: 대한기독교서회,
2001.

문순영. "한국 민간사회복지부문의 구조적 특성에 관한 연구". 연세대
학교 대학원 박사학위논문, 2000.

문인숙. "6.25동란과 구제활동에 대한 고찰". 『인석 장인협박사 정년퇴

임기념논문집』, 1990: 15 - 6.

민경원. "교회사회봉사의 활성화를 위한 연구". 서강대 수도자대학원 석사학위논문, 1998.

민경휘. "미래사회를 위한 한국교회 사회봉사에 관한 연구". 서울신학 대학교 기독교 사회복지연구소 『기독교사회복지』. 제7호, 1998.

박경숙. "역사적 측면에서 본 교회의 사회복지실천의 필요성과 교회의 자원활용". 기독교윤리실천운동 사회복지위원회. 『교회의 사회복지 참여하고 실천하기』. 서울: 대한기독교서회, 2001.

박동현. "구약성서에서의 사회봉사". 대한예수교장로회 총회 사회부 편. 『교회 사회봉사총람』. 서울: 대한예수교장로회 총회사회부, 1994: 112 - 22.

박문석. "성결교단 목회자들의 사회복지의식에 관한 연구". 성결대 대학원 석사학위논문, 1998.

박명수. "동양선교회와 한국성결교회의 관계: 역사적인 관계를 중심으로". 서울신학 대학교 역사연구소 『성결교회와 신학』. 제4호, 2000.

박종삼. "한국의 개신교와 사회복지: 교회자원의 복지자원화를 중심으로". 『한국사회복지학』. 통권 제11호. 1988: 135 - 47.

_____. "21세기를 향한 한국교회와 사회봉사 — 교회사회사업 프로그램을 중심으로". 서울신대기독교사회복지연구소 『기독교사회복지』. 제2호,1992: 5 - 20.

_____. "신학교/기독교대학의 사회복지(사회사업)교육의 정립의 과제". 『한국 기독교 사회봉사와 사회복지: 개교 70주년 기독교사회복지 학술 심포지엄』, 전주: 한일신학교. 1993: 155 - 85.

_____. "지역사회복지 실천과 교회의 역할". 강남대학교 『우원사상논총』. 제7집, 1999.

_____. "교회사회사업의 개념". 한국교회사회사업학회 편 『교회사회사업편람』. 서울: 인간과 복지, 2003.

박종수. "구약성서의 사회복지사상". 한국사회복지연구소 편. 『기독교와 사회복지』. 서울: 홍익제. 2001: 21 - 45.

박종우. "복지국가와 민간부문의 역할에 관한 연구". 경성대학교사회과학연구소 『사회과학연구』. Vol.7. No.1, 1991: 141 - 156.

백종만. "국가와 민간간의 사회복지의 역할". 남세진 편. 『한국 사회복
　　지의 선택: 쟁점과 대안』. 서울: 나남. 1995: 127 – 143.

부성래. "기독교사회복지 개념화를 위한 서설". 한국기독교사회복지회
　　편. 『기독교와 사회복지』. 서울: 도서출판 예안. 1995: 67 – 95.

"사설: 자립정신의 고취". 『활천』. 1958년 9월호.

손규태. "한국교회의 사회선교에 관한 연구". 한국신학연구소, 『신학사
　　상』. 제100집, 1998: 90 – 120.

손병덕. "교회성장요인으로서의 서울 경기지역 개(個)교회의 사회복지
　　사업참여 연구". 총신대학교 『총신대논총』. 제22권, 2003.

손용철. "기독교 대학의 사회복지 교육과정 개발에 관한 연구". 국제신
　　학대학원대학교 사회복지박사학위논문, 2004.

손인웅. "교회 사회복지 참여의 신학적 근거". 기독교윤리실천운동 사
　　회복지위원회 『교회의 사회복지 참여하고 실천하기』. 서울: 대
　　학기독교서회, 2001.

손종세. "선교적 입장에서 본 한국기독교 사회복지의 방향 모색에 관
　　한 연구". 아세아연합신학대학원 박사학위논문, 1987.

송은영. "목회자의 사회복지활동에 대한 지원 성향 분석". 건국대학교
　　행정대학원 석사학위논문, 2002.

서선희. "한국교회 사회복지정책의 활성화에 관한 연구". 단국대학교
　　행정대학원 석사학위논문, 1997.

양정남. 조 준. "사회복지사업에서 정부와 민간비영리 부문과의 협조관
　　계에 관한 연구". 동신대학교 『논문집』. Vol.13, 2003: 277 – 294.

엄지선. "기독교 사회복지사상과 역할에 관한 연구". 천안대학교 아동
　　복지대학원 석사학위논문, 2000.

오세향. "한국개신교 사회복지의 현황과 발전과제". 기독교 사회봉사
　　연구협의회 『기독교사회복지의 현황과 전망』. 제2차 세미나자
　　료집, 1997.

오영필 총회장. "제14회 총회를 지내고". 『활천』. 1959년 5/6월호.

오정수. "우리나라 민간복지 부문의 기능과 구조 개선방안". 『사회복
　　지』. 봄호, 1998: 40 – 52.

유장춘. "교회사회봉사부문 목회계획을 위한 워크숍". 『대한예수교장로

회(통합) 대전서노회 사회부 주최 워크숍자료집』, 1999.

_____. "교회사회복지활동 결정요인으로서 목회자와 그 생태에 관한 연구". 연세대학교 대학원 박사학위논문, 2000.

_____. "기독교 사회복지운동의 방향과 전략". 연세대학교 사회복지연구소『연세사회복지연구』, 2002: 86 - 135.

이계자. "한국 기독교의 사회복지사업 활성화 방안에 관한 연구". 단국대 행정대학원 석사학위논문, 1996.

이경민. "복지국가 위기론에 관한 비판적 고찰". 중앙대학교대학원 석사학위논문, 1990.

이명직. "교회와 사회".『활천』. 1927년 8월호.

_____. "전투하는 교회".『활천』. 1928년 11월호.

_____. "그리스도교회의 장래(2)".『활천』. 1931년 7월호.

_____. "우리의 사명".『활천』. 1953년 11월호.

_____. "자선사업에 대하여".『활천』. 1954년 6월호.

_____. "성결교회와 사회사업".『활천』. 1955년 12월 성탄/신년 합호.

이선우. "사회복지의 민영화와 비영리기관의 역할 확대". 한국사회과학연구회.『한국사회복지의 현황과 쟁점』. 서울: 인간과 복지, 1998: 46 - 81.

이승일. "개신교 사회복지 활동의 개선 방안에 관한 연구: 대한예수교장로회 통합측을 중심으로". 고려대 대학원 석사학위논문, 1995.

이준수. "기독교회의 사명".『활천』. 1940년 7월호.

이혁구. "복지공급에 있어서의 공공과 민간의 역할". 정기원 외.『민간복지투자 활성화 방안』. 서울: 한국보건사회연구원, 1996.

이혜숙. "임상사회복지에서의 spirituality 개념화를 위한 연구". 이화여자대학교 사회복지대학원 석사학위논문, 1996.

_____. "종교사회복지의 전문성과 spirituality". 한국종교계 사회복지 대표자 협의회『제2회 심포지엄 자료집. 종교사회복지의 정체성과 방향』, 1999: 1 - 20.

임병환. "한국개신교 목회자의 사회복지 의식에 관한 소고". 서울신학대학교 대학원 석사학위논문, 1994.

임종운. "지역사회복지를 위한 교회자원 활용에 관한 연구". 경원대 대학원 박사학위논문, 2000.

장일선. "이스라엘과 땅". 『신학사상』. 36호, 1993.

장재형. "기독교의 사회복지 이념에 관한 연구". 단국대학교 대학원 박사학위논문, 1993.

전광현. "기독교 사회복지의 역할과 과제".『종교사회복지의 역할과 과제』. 재단 법인 청호불교문화원 부설 불교복지문화연구소 주최 제1회 사회복지 학술 세미나 자료집, 2003: 15 - 42.

_____. "자원봉사활성화를 위한 기독교의 역할과 과제". 서울신학대학교 기독교사회복지연구소.『기독교사회복지』. 제9호, 2000.

전주열. "교단의 사회복지정책 문제점과 개선방향에 관한 연구: 예장 통합측을 중심으로". 한일장신대학교 아시아태평양국제신학대학원 석사학위논문, 2002.

전창수. "기독교의 사회복지 사상에 따른 교회사회복지사업발전 방향에 관한 연구". 협성대학교사회개발대학원 석사학위논문, 1998.

정경배. "IMF 시대의 정부와 민간의 사회복지 역할 분담".『사회복지』. 겨울호, 1998: 7 - 25.

정무성. "한국 민간 사회복지체계의 현황과 과제: 사회복지협의회의 역할을 중심으로".『사회복지』, 봄호, 1998: 4 - 13.

_____. "산업복지의 사회복지적 성격".『사회과학연구』, 제13집, 1997.

정성채. "기독교 목회자의 사회봉사참여에 관한 의식과 태도조사". 중앙대 대학원 석사학위논문, 1997.

조길송. "한국기독교의 지역사회복지사업 참여방안에 관한 연구". 단국대학교 대학원 석사학위논문, 1995.

조동진. "에큐메니칼교회의 방향".「기독공보」. 1956년 10월 22일자.

조성노. "사회봉사에 대한 조직신학적 이해". 대한예수교장로회 총회 사회부 편.『교회사회봉사 총람』. 서울: 한국장로회 출판사, 1994: 140 - 152.

조 준. "사회복지사업에서 공공 및 민간부문의 역할분담모형과 실제 공급방식에 관한 연구". 동신대학교 대학원 박사학위논문, 2005.

조흥식. "대량실업에 따른 민간사회복지사업 프로그램 개발".『사회복지』. 봄호. 1998: 7 - 19.

_____. "종교사회복지 활동의 방향과 과제". 종교와 사회복지 심포지엄 기조강연, 1998.

_____. "교회사회복지실천의 방향". 성산효도대학원대학교 사회복지 세미나 자료집. 1999.

_____. "지역사회복지와 교회건물 개방". 기독교윤리실천운동 사회복지위원회 엮음.『교회의 사회복지 참여하고 실천하기』. 서울: 대한기독교서회, 2004.

주간. "임신년의 교훈 ─ 사회화냐 기독화냐".『활천』. 1932년 3월호.

_____. "구령주의로 돌진".『활천』. 1932년 4월호.

최무열. "지역사회사업을 위한 지역교회 연합활동 가능성에 관한 연구". 숭실대학교 석사학위논문, 1988.

_____. "한국장로교 목회자의 사회참여 및 사회복지적 관심에 관한 조사연구: 장로 교 고신 · 기장 · 합동 · 통합을 중심으로". 한국신학연구소『신학과 세계』. 제30권 30호, 1995.

_____. "교회사업의 신학적 기초". 한국교회사회사업학회 편.『교회사회사업편람』. 서울: 인간과 복지, 2003.

최성재. "교회 사회봉사사업 계획과 실천". 대한예수교장로회 총회 사회부 편.『교회사회봉사총람』. 대한예수교장로회 총회 출판국, 1993.

최순남. "디아코니아를 통한 선교적 과제". 한신대학교.『한신논문집』. 1996.

최원규. "외국민간원조단체의 활동과 한국 사회사업 발전에 미친 영향". 서울대학교 대학원 박사학위논문, 1996.

최혜경. "한국기독교회의 사회적 서비스 실태에 관한 연구". 서울대학교 대학원 석사학위논문, 1983.

편집실. "교계단상".『활천』. 1954년 8/9월호.

3) 기타

『기독교대백과사전』, 서울: 기독교문사. 1983.

『기독교대한성결교회 제100년차 총회록』. 별지 4 ─ 9. 기독교대한성결교회, 2006: 247 ─ 8

『기독교대한성결교회 제100년차 총회록』. 별지 29. 기독교대한성결교
　　회, 2006: 651 - 2.

『기독교대한성결교회 제100년차 총회록』. 기독교대한성결교회, 2006.

『기독교대한성결교회 제101년차 총회 보고서』. 기독교대한성결교회 총
　　회본부, 2007.

"기독교세계봉사회업적: 예수의 이름으로 구호물자 분배". 「기독공보」.
　　1956년 11월 5일자.

"백만신도는 원호운동에 급선봉되라". 「기독공보」. 1952년 9월 15일자.

"사회복지사역의 문제점분석 ― 개교회주의 극복 최대 관건". 「국민일
　　보」. 2007년 4월 24일자.

"요람에서 무덤까지 ― 사회복지 모델 쇠퇴". 「국민일보」. 2007년 5월
　　9일자. 3면.

"인류애의 사도 토리박사 내한 환영". 「기독공보」. 1952년 7월 14일자.

『임시총회회의록』. 기독교조선성결교회, 1948.

「한국성결신문」. 2007년 5월 27일자. 특별호, 9면.

『제4회 총회회의록』. 기독교조선성결교회, 1949년.

『제7회 총회회의록』. 기독교대한성결교회, 1952년.

『제8회 총회회의록』. 기독교대한성결교회, 1953년.

『제10회 총회의사록』. 기독교대한성결교회 총회, 1955년.

『제11회 총회의사록』. 기독교대한성결교회, 1956년. p.57.

『제12회 총회의사록』. 기독교대한성결교회, 1957년. p.35.

『제14회 총회회의록』. 기독교대한성결교회 총회, 1959년.

『제15회 총회의사록』. 기독교대한성결교회, 1960년. p.48.

2. 외국 문헌

1) 동양문헌

大阪ボランティア協會. 『ボランティア』. 東京: ミネルヴァ書房, 1987.

門協聖子. 『ディアコニア』. 東京: キリスト新聞社, 1997.

本田尚士.『ボランティア活動のいざない』. 東京: 建棉社, 1993.

日本基督教社會福祉學會 編.『キリスト教社會福祉概論』. 東京: 日本
　　基督教団出版局, 1979.

日本キリスト教社會福祉學會.『社會福祉實踐とキリスト教』. 東京: ミ
　　ネルヴァ書房, 1998.

田代不二男.『社會福祉とキリスト教』. 東京: 相川書房, 1983.

ボランティア研究會.『日本のボランティア』. 全國社會福祉協議會, 1980.

2) 서양문헌

Bendick, Marc Jr. "Privatizing the Delivery of Social Welfare Service An
　　Idea to Be Taken Seriously". in Kamerman, Sheila B. & Kahn,
　　Alfred J. (eds.). *Privatization and the Welfare State*. Princeton
　　University Press, 1989: 97 – 120.

Brodkin, Evelyn Z. and Dennis, Young. "Making Sense of Privatization:
　　How Can We Lean from Economic and Political Analysis?". in
　　Kamerman, Sheila B. and Kahn, Alfred J. (eds.). *Privatization and
　　the Welfare State*. Princeton University Press, 1989: 121 – 156.

Chales O, Jones. *An Introduction to the Study of Public Policy*. Books/Cole
　　C.A.: Publishing Company, 1984.

Clark, Allen D. *A History of the Church in Korea*. Seoul: The Christian
　　Literature Society of Korea, 1986.

Cobb, P. John, B. and Griffin, David R. *Process Theology: an Introductory*
　　Exposition. Philadelphia: The Westminster Press, 1976.

Cox, Harvey. *The Secular City*. Revised Ed., N.Y.: Macmillan, 1966.

De Vaux, R. 『구약시대 생활풍속』. 이양구 역. 서울: 대한기독교서회,
　　1983.

DiNitto, Diana M & Dye, Thomas R. *Social Welfare: Politics & Public*
　　Policy. Englewood: Prentice – Hall. Inc., 1987.

Duchrow, U. *Alternativen zer Kapitalistischen Weltwirschaft.* 손규태 역 『성
　　서의 정치경제학 — 자본주의 세계경제의 대안』. 서울: 한울, 1995.

Dunleavy. "Explaining the Privation Boom: Public Choice Verse Radical Approach". *Public Administration* Vol.64. spring, 1978.

Dye, Thomas R. *Understanding Public Policy.* Engliwood: Prentice – Hall Inc, 1984.

Edwards, Ruth B. 『요한서신』. 김병국 역. 서울: 이레서원, 2000.

Esping – Andersen, G. *The Three Worlds of Welfare Capitalism. Princeton:* Princeton Press, 1990.

Friedlander, Walt A. and Apte, R, Z. *Introduction to Social Welfare.* 5th ed.

Englewood Cliffs. New Jersey: Prentic – Hall, 1980.

Garland, Diana S.R. "Christian in social Work. Christian Social Ministry & Church Social Work: Necessary Distinctions". Social Work & Christianity. 13(1), 1986.

Gilbert, Neil. and Gilbert, Barbara. *The Enabling State: Modern Welfare Capitalism in America.* New York: Oxford University Press, 1989.

Gilbert, N. & Specht. H, *Dimensions of Social Welfare Policy.* Englewood Cliffs N.J.: Prentice Hall, 1993.

Gilbert, Neil. & Terrell, Paul. *Dimension of Social Welfare Policy.* Boston: Allyn & Bacon, 2002.

Gottwald, N. *The Tribes of Yahew: A sociology of the Religion of Liberated Israel 1250 – 1050 B.C.E.,* Orbis, 1979.

Gough, I. *The Political Economy of the Welfare State.* London: The Macmillan Press, 1979.

Gummer, Burton. "Social Planning in NASW". *Encyclopedia of Social Work. 19th ed.* Washington D.C: National Association of Social Works, 1995.

Hartshorne, Charles. *Divine Relativity: A Social Conception of God.* New Haven: Yale University Press, 1948.

Hecksher, G. *The Welfare State and Beyond: Success and Problems in Scandinavia.* Minneapolis: University of Minnesota Press, 1984.

Heclo, H. "Toward a New Welfare State?". in P. Flora and J. J.

Heidenheimer(eds). *The Development of Welfare State in Europe and America*. New Brunswick: Transaction Books, 1982.

Hefferman, J. Schutteworth, G. and Ambrosino, R. *Social Work and Social Welfare An Introduction*, 2nd ed., St Paul: West Publishing Co., 1992

Joachim, Jeremias. 『신약신학』. 정충하 역. 서울: 새순출판사, 1990.

John Calvin. 『기독교 강요』. 김종흡. 신복윤. 이종성. 한철하 공역. 서울: 생명의 말씀사, 1997.

John R. W. Stott. 『현대 사회문제와 기독교적 답변』. 박영호역. 서울: 기독교문서선교회, 1985.

Johnson, N. *The Welfare State in Transition*. Brighton Sussex: Wheatsheaf, 1987.

Jurgen, Moltmann. 『창조 안에 계신 하느님』. 김균진 역. 서울: 한국신학연구소, 1987.

Kilbourne, E. L. "The Crisis of Christians in Korea". *OAIAMS*. July, 1946.

Klein, Philip. *From Philanthropy to Social Welfare*. San Francisco: Jossey — Bass, 1968.

Korpi, W. *The Democratic Class Struggle*. London: Routledge and Kegan Paul, 1983.

Kramer, R. *Volutary Agencies in the Welfare State*. Englewood Cliffs. N.J.: Prentice Hall, 1981.

Macarov, David. *The Design of Social Welfare*. N.Y.: Holt Reinhart & Winston, 1978.

Marty, Martin E. "Social Service: Godly & Godless". Social Service Review. 54(4), 1980.

Mayo, M. *Communities and Caring*. Hampshire: Macmillan, 1994.

Migliore, Daniel L. 『기독교조직신학』. 장경철 옮김. 서울: 한국장로교출판사, 1998.

Mil, Donald G. 『교회의 본질과 사명』. 서울: 대한기독교서회, 1971.

Miller, Haskell M. *Compassion & Community*. N.Y.: Association, 1961.

Minford, P. "The Role of the Social Service: A View from the New Right". M, Loney. *The State or the Market — Politics and Welfare in Contemporary*. Britain: Sage Publications, 1987.

Mishra, Ramesh. *The Welfare State in Capitalist Society: Policies of Retrenchment and Maintenance in Europe, North America and Australia*. N.Y.: Harvester Wheatsheaf, 1990.

Moltmann, Jurgen. *Crucified God*. trans. Wilson and John Bowden. San Francisco: Harper & Row Publishers, 1974.

"More Wonderful News Korea". *OAIAMS*. March, 1946: 4 – 5.

Neuhaus, Nichard J. *Christian Faith & Public Policy*. Minrapolis: M.N., Augsburg, 1977.

Niebor, Reinhald. *The Nature and Destiny of Man*. Vol.1. New York: Charles Scribner's Son, 1964.

O' Connor, J. *The Fiscal Crisis of the State*. New York: St. Marin's, 1973.

O' Dea, Thomas F. *The Sociology of Religion*. 권규식 역. 『종교사회학 입문』. 서울: 대한기독교서회, 1969.

Ott, Heinrich. 『신학해제』. 김광식역. 서울: 한국신학연구소, 1985.

Pannenberg, Wolfhart. *Basic Questions in Theology*. vol. Ⅱ. trans. George H. Kehm. Philadelphia: The Westminster Press, 1971.

Prigmore, Charles S. Atherton, Charles R. *Social Welfare Policy: Analysis and Formulation*. Lexington Massachusetts: D.C. Heath and Company, 1979.

Rene, Padila. "기독교의 사회적 책임". 『통전적 선교』. 홍인식 옮김. 서울: 나눔사, 1994.

Richard, Gehman. 『너의 마음을 깨뜨리라』. 권명달 역. 서울: 보이스사, 1978.

Robert, Webber. 『기독교 사회운동』, 박승룡 역. 서울: 라브리, 1990.

Robinson, John A. T. *Honest to God*. Philadelphia: The Westminster Press, 1963.

Romanyshyn, John M. *Social Welfare*. New York: Random House, 1971.

Salamon, L. M. "the Marketization of Welfare: Changing Nonprofit and For – profit Roles in the American Welfare State". Social Service Review, 1993.

Savas, E. S. *How to Shrink Government, Privatizing the Public Sector.* N.J.: Chatham House Publishers. Inc., 1982.

_____. *Privatization.* N.J.: Chatham House Publishers Inc., 1987.

Siporin, Max. *Introduction to Social Work Practice.* Macmillan Publishing Co., INC: New York, 1975.

Starr, Paul. "The Meaning of Privatization". in Kameman. Sheila B. and Alfred J. Kahn(eds). *Privatization and the Welfare State.* Priceton University Press, 1989: 14 – 48.

Stuhlmacher, Peter. 『바울의 기독론과 화해신학』. 전경연 역. 서울: 대한기독교출판사, 1986.

Tracy, David. *The Analogical Imagination: Christian Theology and the Culture of Pluralism.* New York: Crossroad, 2000.

Walker, A. "The Political Economy of Privatisation". Le Grand, J. and Robinson, R(ed.). *Privatisation and the Welfare State.* London: George Allen & Unwin, 1985.

Watkins, Derrel R. 『기독교 사회봉사 입문』. 노영상 역. 서울: 쿰란출판사, 1994.

Weber, Max. "The Sociology of Religion". tr., by E. Fischdff. Boston: Beacon Press, 1963.

Weinbach, Robert W. Grinnell Jr. Richad M. *Statistics for Social Workers.* 박봉길, 최종백 역. 『사회복지사를 위한 통계』. 파주: 양서원, 2004.

Wickenden, Elizabeth. *Social Welfare in a Changing World.* Washington. D.C., Dept: of Health. Education and Welfare, 1965.

Wilensky, H. L. *The Welfare State and Equality: Strutural and Idealogical Roots of Public Expenditure.* Berkeley: University of California Press, 1975.

Wilensky, H. L. & Lebeaux, C. N. *Industrial Society & Social Welfare.* New York: Free Press, 1965.

설 문 지

기독교대한성결교회 사회복지 발전을 위한 실태조사

귀 교회의 무궁한 발전을 기원합니다.

  본 설문은 전국 기독교대한성결교회 목사님과 장로님들께 실시하는 조사 연구의 일환으로서 본 교단 교회의 사회복지(봉사) 참여 실태와 그것에 미치는 요인들이 무엇인지를 파악하기 위한 연구입니다.

  모든 질문에 정답은 없으며 목사님, 장로님의 솔직한 응답 하나 나는 본 연구에 큰 도움이 될 뿐만 아니라 향후 우리 교단 교회의 사회복지활동 활성화를 위한 정책과 프로그램 개발에 귀중한 기초자료가 될 것입니다.

  또한 목사님, 장로님이 응답하신 모든 내용은 본 연구의 목적에만 사용되며 무기명으로 통계, 처리되기 때문에 철저한 비밀보장이 되므로 다소 응답하기 곤란한 질문이 있더라도 솔직하게 기입하여 주시기를 부탁드립니다.

  바쁘신 중에도 시간을 내어 본 설문조사에 도움을 주셔서 감사드립니다.

국제신학대학원대학교 사회복지학과

지도교수   임 우 석

연 구 자   구 금 섭   드림

* 본 설문에서 교회사회복지참여란 교회가 실천하는 구제와 자선사업, 사회봉사활동, 그리고 전문사회복지 프로그램 등과 관련된 모든 활동을 의미하고 있습니다.

1. 교회 일반적인 질문입니다. □에 ✔ 해 주십시오.

1. 귀하의 직분 및 연조는?

   □목사   년차   □장로   년차

2. 귀 교회의 소재지는?

         시(도)   시(군, 구)   동(읍, 면)

3. 귀 교회는 언제 설립되었습니까?   19   년

4. 귀 교회는 어느 지역에 위치하고 있습니까?

   □ ① 서울특별시   □ ② 광역시

   □ ③ 시지역   □ ④ 군(읍, 면)지역

5. 귀 교회가 위치한 지역의 특성은 다음 중 어디입니까?

   □ ① 주거지역   □ ② 상업지역

   □ ③ 공업지역   □ ④ 농업, 어업, 광업지역

   □ ⑤ 혼합지역

6. 귀 교회가 위치한 지역주민의 사회경제적 특성은 다음 중 어디입니까?

  □ ① 하층　　　　□ ② 중하층　　　　□ ③ 보통

  □ ④ 중상층　　　□ ⑤ 상층

7. 귀 교회의 최근 3년간의 신도 수의 변화는 어떠합니까?

  □ ① 늘고 있다　□ ② 줄고 있다　□ ③ 변화가 거의 없다

8. 신도 수가 늘어나는 중요한 이유는 무엇이라고 생각하는지 한 가지
   만 선택해 주십시오.

  □ ① 일반적인 추세일 것이다.

  □ ② 목사님의 설교가 좋아서

  □ ③ 사회복지(봉사) 프로그램을 실시하기 때문에

  □ ④ 지역사회의 인구가 갑자기 늘었기 때문에

  □ ⑤ 모르겠다

  □ ⑥ 기타

2. 교회가 위치한 지역사회에 대한 질문입니다.

9. 목사님(장로님)의 교회로부터 대략 반경 2km 이내에 있는 기관은 모두 ✔해 주십시오.

사회복지기관	□① 사회복지관 □② 노인복지관 □③ 보육원(고아원) □④ 직업소개 □⑤ 장애인시설 □⑥ 가정상담소 □⑦ 특수(장애)아동학교 □⑧ 요양원 □⑨ 청소년시설 □⑩ 양로원 □⑪ 기타
공공시설	□① 도서관 □② 문화공연장 □③ 시민회관 □④ 병원(의원) □⑤ 공원 □⑥ 체육관 □⑦ 운동장 □⑧ 극장 □⑨ 수영장 □⑩ 기 타
주민 및 시민단체	□① 방범단체 □② 협동조합 □③ 청년연합회 □④ 상조회 □⑤ 상공회의소 □⑥ 노인회 □⑦ 부녀회 □⑧ 종교단체(교회 외) □⑨ 기타

10. (7.에서) ✔하신 기관이나 단체 중에서 목사님(장로님)께서 위원이나 이사, 임원 또는 회원으로 참여하는 단체나 기관의 번호들을 다음 빈칸에 써 주십시오.

① 사회복지기관   ② 공공시설

③ 주민 및 시민단체   ④ 없다

* 목사님(장로님)의 교회로부터 반경 2km 이내에 해당하는 지역사회에
는 다음의 문제들이 얼마나 심각한지 알맞은 곳에 ✔해 주십시오.

문제종류 \ 문제정도	매우 심각	비교적 심각	보통	별로 심각하지 않다	전혀 심각하지 않다
11. 빈곤문제 (예: 실업, 생계곤란, 무주택 등)	①	②	③	④	⑤
12. 민생치안문제 (예: 폭력, 도둑, 사기, 불법영업 등)	①	②	③	④	⑤
13. 자연환경(예: 공해, 쓰레기, 환경파괴 등)	①	②	③	④	⑤
14. 생활환경 (예: 행락시설, 퇴폐업소 등)	①	②	③	④	⑤
15. 가족문제 (예: 이혼, 결손가정 등)	①	②	③	④	⑤
16. 사회부조리 (예: 빈부격차, 뇌물, 차별대우 등)	①	②	③	④	⑤
17. 장애문제 (예: 질병, 장애, 정신지체 등)	①	②	③	④	⑤
18. 중독문제 (예: 도박, 알코올, 마약 등)	①	②	③	④	⑤
19. 아동, 청소년문제 (예: 가출, 비행, 폭력 등)	①	②	③	④	⑤
20. 외국인 이주문제 (예: 결혼, 자녀, 노동 등)	①	②	③	④	⑤
21. 새터민 (예: 탈북자 문제)	①	②	③	④	⑤
22. 노인문제 (예: 보호, 건강, 경제적 빈곤 등)	①	②	③	④	⑤

3. 교단에 대한 질문입니다.

23. 우리 교단은 다음의 신학적 노선 중 어떤 형태에 속한다고 보십니까?
　　□ ① 매우 보수적이다　□ ② 보수적이다　□ ③ 중간적이다
　　□ ④ 진보적이다　　　□ ⑤ 매우 진보적이다

24. 우리 교단에 사회복지(봉사), 구제 또는 자선활동 등과 같은 교회의
　　사회복지활동을 지원하기 위한 전담 부서가 있는 것을 알고 있습니까?
　　□ ① 있다　　　□ ② 없다　　　□ ③ 잘 모르겠다

25. 우리 교단에 사회복지(사회봉사), 구제 또는 자선활동 등과 같은 사회복지활동을 위한 교리나 지침(헌법)이 있는 것을 알고 있습니까?

    □ ① 예   □ ② 아니오   □ ③ 잘 모르겠다

26. 우리 교단에서 사회복지(봉사)나 구제, 자선활동 등과 같은 교회의 사회복지활동을 위한 훈련이나 세미나 등의 프로그램에 참가한 적이 있습니까?

    □ ① 있다   □ ② 없다   □ ③ 모르겠다

---

4. 목사(장로)님 교회의 사회복지참여에 관한 질문입니다.

---

27. 목사(장로)님은 '구제와 사회복지(봉사)는 교회의 본질적인 사명이다.'라는 견해에 대해서 어떻게 생각하십니까?

    □ ① 동의한다   □ ② 동의하지 않는다

28. 목사(장로)님은 성결교단의 각 교회들이 지역사회를 위한 사회복지(사회봉사)활동을 어느 정도 활발하게 수행하고 있다고 생각하십니까?

    □ ① 매우 저조하다   □ ② 저조한 편이다
    □ ③ 그저 그렇다   □ ④ 활발한 편이다
    □ ⑤ 매우 활발하다

29. 목사(장로)님이 섬기는 교회가 사회복지(사회봉사)활동에 어느 정도 수행하고 있다고 생각하십니까?

□ ① 매우 저조하다　　　□ ② 저조한 편이다

□ ③ 그저 그렇다　　　　□ ④ 활발한 편이다

□ ⑤ 매우 활발하다

30. 목사(장로)님의 교회는 현재 총 예산을 100%로 할 때 몇% 정도를
사회복지활동비용으로 사용하고 있습니까? 선교를 일차적 목적으로
한 비용
(예: 개척교회 지원금 등)들은 제외합니다.
_____%

31 – 1. 목사(장로)님의 교회는 사회복지활동을 주관하는 기구가 있습니까?

□① 있다 →
□② 없다

> 31 – 2. 이 기구는 다음 중 어디에 해당됩니까?
> 　□① 목회자에게 직속된 독립 부서로 되어 있다
> 　□② 제직회의 한 부서로 되어 있다
> 　□③ 주일학교의 한 부서로 되어 있다
> 　□④ 선교회의 한 부서로 되어 있다
> 　□⑤ 기타_____
>
> 31 – 3. 이 기구는 언제부터 설치되었습니까?_____년
>
> 31 – 4. 이 기구의 활동 정도는 어떻습니까?
>
> | 매우 침체 | 비교적 침체 | 보통 | 비교적 활발 | 매우 활발 |
> |---|---|---|---|---|
> | ① | ② | ③ | ④ | ⑤ |
>
> 31 – 5. 이 기구는 별도의 법인으로 설립되어 있습니까?
> 　□① 그렇다　　　　□② 아니다

32 - 1. 현재 목사(장로)님의 교회시설은 사회복지활동을 위해 사용되고 있습니까?

□① 그렇다 →
□② 아니다

32 - 2. 그렇다면 다음 중 어디에 해당됩니까?

전혀 사용하지 않음	비교적 사용하지 않음	보통	자주 사용	매우 자주 사용
①	②	③	④	⑤

32 - 3. 사회복지활동을 위해 사용되는 시설의 크기는?
대략   평 정도

33. 목사(장로)님의 교회에서 실시하고 있는 사회복지 프로그램을 모두 ✓ 하신 후 그 프로그램이 얼마나 잘 운영되는지를 표시해 주십시오.

프 로 그 램	실시하지 않음	매우 저조	약간 저조	조금 활발	매우 활발
□청소년복지 (소년, 소녀가장 지원, 청소년 공부방/학습지도, 청소년 장학사업, 야간학교 운영)	①	②	③	④	⑤
□여성복지 (부모교실, 예비부부교실)	①	②	③	④	⑤
□장애인복지 (복지시설 운영, 시설 방문)	①	②	③	④	⑤
□아동복지 (복지시설 운영, 시설 방문, 방과 후 교실 운영)	①	②	③	④	⑤
□노인복지 (복지시설 운영, 시설 방문, 주간보호소 운영)	①	②	③	④	⑤
□환경복지 (행락시설 퇴치, 재활용수거, 환경감시/보호)	①	②	③	④	⑤
□지역사회개발 (문화행사, 무료진료, 법률, 주택, 세무상담)	①	②	③	④	⑤

34 - 1. 목사(장로)님의 교회는 공식적으로 지역의 사회복지기관들과 협력하여 사회복지활동을 하고 있습니까?

□① 그렇다 →
□② 아니다

> **34 - 2.** 그 기관의 종류는 다음 중 무엇인지 모두 ✔해 주십시오.
> □① 사회복지관　　　□② 노인복지관　　□③ 보육원(고아원)
> □④ 직업소개　　　　□⑤ 장애인시설　　□⑥ 가정상담소
> □⑦ 특수(장애)아동학교　□⑧ 요양원　　　□⑨ 청소년시설
> □⑩ 양로원　　　　　□⑪ 기타
>
> **34 - 3.** 그 기관과 협력하는 형태는 다음 중 어떤 것입니까? 해당되는 것에는 모두 ✔해 주십시오.
> □① 재정적 후원　　　□② 자원봉사자 파송
> □③ 교회시설개방　　　□④ 물건, 음식, 옷 등 지원
> □⑤ 기타___

35 - 1. 목사(장로)님의 교회에는 사회복지활동을 위한 책임자가 임명되어 있습니까?

□① 그렇다 →
□② 아니다

> **35 - 2.** 그분의 공식적 지위는 무엇입니까?
>
> **35 - 3.** 그분은 다음 중 어디에 해당됩니까?
>
> | 사회복지 자격증이 있는 전문가로서 | | | 비전문가로서 | | |
> |---|---|---|---|---|---|
> | 전임 | 파트타임 | 자원봉사 | 전임 | 파트타임 | 자원봉사 |
> | □① | □② | □③ | □④ | □⑤ | □⑥ |
>
> **35 - 4.** 그분의 활동에 대해 어떻게 평가하십니까?
>
> | 매우 소극적 | 소극적 | 보통 | 적극적 | 매우 적극적 |
> |---|---|---|---|---|
> | □① | □② | □③ | □④ | □⑤ |

36 - 1. 목사(장로)님의 교회는 사회복지활동을 위한 특별헌금을 하고
있습니까?

□① 정기적으로 한다→
□② 비정기적으로 한다 →   36 - 2. 일 년에 몇 번이나 합니까?   번
□③ 하지 않는다

5. 목사(장로)님의 교회의 특징에 대한 질문입니다.

37. 목사(장로)님의 교회는 지난해의 연말 결산액이 대략 어느 정도 됩
니까?

일 년 총 결산액 _____만 원

38. 목사(장로)님의 교회는 재적인원과 주일 낮 예배의 출석인원(청년+
대학생 + 성인)이 대략 얼마나 됩니까?
① 재적인원 _____명
② 주일 낮 예배 출석인원 _____명

39. 목사(장로)님의 교회의 건물(연건평)은 모두 몇 평이나 됩니까?
_____평

* 귀 교회의 사회복지활동이 결정되는 과정은 어떤 양상인지 적절한 위치에 ✔해 주십시오.

40. 어떤 과정을 통해 결정이 내려집니까?	대부분 목회자로부터	대체로 목회자와 당회(실행위원)에서	대체로 제직회에서	전체적, 통합적으로
	□①	□②	□③	□④

41. 평신도들은 결정하는 과정에 참여합니까?	전혀 참여하지 않음	거의 참여하지 않음	보통	대체로 참여함	적극 참여함
	□①	□②	□③	□④	□⑤

42. 목사(장로)님 교회의 사회복지활동에 대한 부서들 사이의 정보교환 및 협조는 어느 정도입니까?
   □① 매우 비협조적　　　□② 비협조적
   □③ 보통　□④ 협조적　　□⑤ 매우 협조적

43. 목사(장로)님께서는 교회의 전체 예산을 100%로 할 때 바람직한 사회봉사비는 몇 % 정도라고 생각하십니까? _____%

44. 목사(장로)님 교회의 교인들은 자신들의 교회가 사회복지활동을 적극적으로 추진하려는 것에 대하여 일반적으로 어떤 태도를 갖고 있습니까?

매우 무관심	무관심	보통	지지	매우 지지
①	②	③	④	⑤

6. 목사(장로)님의 자신에 대한 질문입니다.

* 다음은 교회의 사회복지활동에 관한 목사(장로)님의 개인적 생각에 대한 질문입니다

질 문	전혀 그렇지 않음	조금 그렇지 않음	보통	조금 그렇다	매우 그렇다
45. 교회는 약자에 대하여 책임이 있다	①	②	③	④	⑤
46. 교회의 사회복지활동은 전도나 선교만큼 중요하다	①	②	③	④	⑤
47. 사회복지활동은 교회의 본질적 사명이라고 볼 수 없기 때문에 교회가 꼭 해야 할 필요는 없다	①	②	③	④	⑤
48. 교회는 빈곤, 빈부격차, 사회부조리, 범죄, 환경훼손 등 산업사회의 문제들에 대해 개입해야 한다	①	②	③	④	⑤
49. 지역사회의 사회복지 기관이나 단체가 교회에 도움을 요청해 올 경우 긍정적으로 협력해야 한다	①	②	③	④	⑤
50. 교회의 여러 가지 예산항목 중에서 사회복지활동에 대한 항목에 더 많은 예산을 배정해야 한다	①	②	③	④	⑤
51. 목사(장로)는 교회의 지도자일 뿐 아니라 지역사회의 지도자도 되어야 한다	①	②	③	④	⑤
52. 목사(장로)가 영적인 분야에서는 지도자이지만 사회적, 제도적, 물질적 복지분야에서는 지도자가 아니다	①	②	③	④	⑤

* 다음 질문들은 목사(장로)님께서 목회활동 중에 실제로 실천하시는
  내용에 대한 질문입니다.

53. 목사님께서는 사회복지활동 관련 설교를 얼마나 자주 하십니까? (장로님은 해당 없음)	전혀 하지 않음	별로 하지 않음	보통	자주 함	매우 자주 함
	①	②	③	④	⑤
54. 목사(장로)님께서는 성도들에게 사회복지활동을 위해 자원봉사를 하도록 어느 정도 권장하고 있습니까?	전혀 권장하지 않음	별로 권장하지 않음	보통	약간 권장함	매우 권장함
	①	②	③	④	⑤
55. 목사(장로)님께서는 교회예산에서 사회복지활동에 해당하는 항목의 예산을 증가시키기 위해 얼마나 노력하십니까?	전혀 노력하지 않음	별로 노력하지 않음	보통	약간 노력함	매우 노력함
	①	②	③	④	⑤
56. 목사(장로)님께서는 지역사회에서 실천되는 사회복지활동에 어떻게 참여하십니까?	매우 소극적	약간 소극적	보통	약간 적극적	매우 적극적
	①	②	③	④	⑤

* 목사(장로)님께서는 지도자의 역할에 대해 어떻게 생각하는지 ✔해
  주십시오.

내 용	매우 그렇지 않음	조금 그렇지 않음	보통	조금 그렇다	매우 그렇다
57. 성취해야 할 일보다는 사람과의 관계를 우선적으로 생각한다	①	②	③	④	⑤
58. 중요하다고 생각하는 일은 반대하는 사람이 있어도 밀고 나간다	①	②	③	④	⑤
내 용	매우 그렇지 않음	조금 그렇지 않음	보통	조금 그렇다	매우 그렇다
59. 아무리 중요한 일이라 해도 사람들의 합의가 없으면 미룬다	①	②	③	④	⑤

60 - 1. 목사(장로)님께서는 사회복지활동과 관련된 교육이나 훈련을 받은 일이 있습니까?

☐① 있다 →
☐② 없다

> 60 - 2. 다음의 항목 중에 해당되는 항목에는 모두 ✔해 주십시오.
> ☐① 대학에서 사회복지와 관련된 학과를 졸업했다.
> ☐② 대학에서 사회복지와 관련된 과목들을 이수했다.
> ☐③ 기관에서 사회복지활동 교육과 연수를 받았다.
> ☐④ 총회/지방회에서 봉사관련 세미나/훈련을 받았다.
> ☐⑤ 기타(기록해 주세요)

61. 만약 귀 교회에서 사회복지를 하신다면 어떤 분야를 구체적으로 하실 예정입니까? (2가지만 기록하십시오.)

62. 신학대학(원) 커리큘럼 안에 사회복지관련 과목을 이수케 하는 것에 대해 어떻게 생각하십니까?
☐ ① 매우 반대　　　☐ ② 반대
☐ ③ 보통　　　☐ ④ 찬성　　　☐ ⑤ 매우 찬성

63. 교단 사회복지 발전에 대해 구체적인 제언을 기록하여 주십시오.

* 분주하신 중에 성실히 답변해 주셔서 대단히 감사합니다.

구금섭

▌약 력

서울신학대학교 졸업
University of the city of Manila(B.S)
아세아연합신학대학교 대학원 신학 석사(M.A)
호서대학교대학원 신학과 수학(Th.M)
성산효대학원대학교 사회복지학 석사(M.S.W)
Fuller Theological Seminary(D.Min)
국제신학대학원대학교 사회복지학 박사(D.S.W)

큰나무교회 담임목사
경서신학, 고려신학, 경인신학, 기독교대한성결교회 목회신학원(대학원) 출강
그리스도대학교대학원, 한일장신대학교 사회복지학과 외래교수
서울신학대학교, 서울신학대학교대학원 사회복지학과,
국제신학대학원대학교, 성산효대학원대학교 출강
큰나무노인주간보호센터 시설장

▌주요논문 및 저서

『현대신학적 종말론 이해』(아세아신학사)
『낙방만세』(아세아신학사)
『구속사적 설교신학』(한국학술정보(주))
『요한웨슬레의 교회사회복지신학』(한국학술정보(주))
『로마서를 아십니까?』(한국학술정보(주))
『살리는 샘』(한국학술정보(주))
「Redemptive Historical Preaching on the Desirable Formation of a Theology of Ministry」
「한국 교회의 사회복지 참여에 영향을 미치는 요인에 관한 연구」
「종교개혁원리에 입각한 한국교회 예배갱신」
「John Wesley의 사회복지사상에 관한 연구」
「사회변화에 따른 효 윤리의 재고와 노인복지」
「사회복지와 Spirituality의 상관성」

성결교회 사회복지

초판인쇄 | 2008년 12월 29일
초판발행 | 2008년 12월 29일

지은이 | 구금섭
펴낸이 | 채종준
펴낸곳 | 한국학술정보㈜
주 소 | 경기도 파주시 교하읍 문발리 513-5 파주출판문화정보산업단지
전 화 | 031) 908-3181(대표)
팩 스 | 031) 908-3189
홈페이지 | http://www.kstudy.com
E-mail | 출판사업부 publish@kstudy.com

등 록 | 제일산-115호(2000. 6. 19)
가 격 25,000원

ISBN 978-89-534-0669-8 93330 (Paper Book)
      978-89-534-0670-4 98330 (e-Book)